瘾营销

虚实融合场景下的消费者行为学

孙惟微————著

SPM 南方出版传媒 广东人民出版社
·广州·

图书在版编目（CIP）数据

瘾营销 / 孙惟微著． — 广州：广东人民出版社，2020.3

ISBN 978-7-218-13982-1

Ⅰ．①瘾… Ⅱ．①孙… Ⅲ．①营销管理 Ⅳ．① F713.56

中国版本图书馆CIP数据核字（2019）第247959号

YIN YINGXIAO

瘾营销

孙惟微 著

版权所有 翻印必究

出 版 人：肖风华

选题策划：段　洁
责任编辑：刘　宇　　马妮璐
责任技编：周　杰　　周星奎
装帧设计：夻　玖

出版发行：广东人民出版社
地　　址：广州市海珠区新港西路204号2号楼（邮政编码：510300）
电　　话：（020）85716809（总编室）
传　　真：（020）85716872
网　　址：http://www.gdpph.com
印　　刷：天津旭丰源印刷有限公司
开　　本：880mm×1230mm　1/32
印　　张：9　字　　数：135千
版　　次：2020年3月第1版
印　　次：2020年3月第1次印刷
定　　价：45.00元

如发现印装质量问题，影响阅读，请与出版社（020-85716849）联系调换。
售书热线：（020）85716826

目 录

前 言

第 1 章　成瘾本质
　　——快乐行为的正面强化

过程比结果更吸引人 / 003

疯狂的鸽子与让人上瘾的漂流瓶 / 005

发现大脑中的奖励中枢 / 009

渴望快乐是最强大的内驱力 / 012

痛点、痒点、爽点 / 014

多巴胺与欲望、抑郁 / 016

三步成瘾原理 / 022

第 2 章　花式犒赏
——大脑无法拒绝的 9 种犒赏

生理型犒赏 / 035

囤积型犒赏 / 037

随机型犒赏 / 039

即时型犒赏 / 043

社交型犒赏 / 046

晋级型犒赏 / 047

自我实现型犒赏 / 049

超越型犒赏 / 051

伪犒赏 / 053

第 3 章　锁定机制
——投入、付出与网络效应

求圆满的购买心理 / 057

低价诱导"不归路" / 059

超级种子用户 & 参与感 / 061

在劫难逃的沉没成本 / 064

第 4 章　择熟原理
——从熟悉到习惯，从习惯到依赖

"瘾"是超常的习惯 / 071

经典口味，经典记忆 / 076

管理好品牌的"存在感" / 084

相信时间的力量 / 090

用专注力打造品牌形象 / 094

第 5 章　心智猎奇
——多屏时代的注意力炼金术

见猎心喜，为追而追 / 099

这是个一眼定生死的时代 / 102

图片更能吸引注意力 / 105

屏幕上的视觉热点区域 / 107

可被操控的屏幕选择 / 112

第 6 章　情绪唤醒
—— 触发顾客购买的扳机

消费者情绪的触发点 / 119

恐惧，最古老的情绪 / 122

3B 原则 —— 美女、婴儿、动物 / 124

利用情感印刻进行营销 / 127

为产品关联一个美好符号 / 130

细节唤醒购买冲动 / 133

调动一切感官功能 / 137

第 7 章　预期管理
—— 持续制造惊喜的艺术

调节阈值，管理预期 / 143

收着点，才能超预期 / 145

超预期让大脑勃然兴奋 / 148

口碑营销就是预期管理 / 151

让消费者有超值的感觉 / 153

第 8 章　积极成瘾
——像玩游戏一样工作

尊重目标是执行力的关键 / 157
目标细分，反馈及时 / 159
工作、学习、康复皆可成瘾 / 162
让大脑不断获得犒赏 / 166

第 9 章　社交认同
——合群、媒介与交换

他人是自我的延伸 / 171
键合、成瘾与恋物癖 / 174
媒介是个人的延伸 / 176
社交内容的货币化 / 179
社交 + 营销的演化 / 188

第 10 章　稀缺之美
——特权、匮乏与附庸风雅

人人平等与身份焦虑 / 195
稀缺效应 / 198
特权效应 / 200
匮乏至关重要 / 202
"攀龙附凤" / 205
"借尸还魂" / 208
"附庸风雅" / 210

第 11 章　奢侈成性
——体面与暗涌的欲望

性、奢侈与资本主义 / 215
视觉刺激影响购买决策 / 217
利用性感营销好比玩火 / 218

第 12 章　瘾品秘辛
——秘方、风味与娱乐

成瘾性与投资护城河 / 227

最具杀伤力的宣传 / 231

边际递减效应的失灵 / 233

将瘾品与娱乐强行挂钩 / 236

定位不如"定味" / 239

第 13 章　出神入化
——故事的代入与沉浸

激活愉悦中枢 / 243

我们为什么会迷恋恐惧？ / 245

匿名效应 / 247

悬念给大脑带来未知的奖赏 / 250

代入感与沉浸感 / 252

第14章　永无止境
——顾客与产品的心灵连接

自我超越的需求 / 257

自我实现与镜像神经元 / 259

品牌社群与品牌崇拜 / 262

类宗教情感 / 263

后　记

参考文献

前　言

"瘾营销"是一种早已存在的现象。巴菲特自称每天喝5罐可口可乐，每周吃3次麦当劳，且声称这些食品可以让他心情愉悦。其实，巴菲特是这两家企业的重要股东。巴菲特还投资了亨氏食品和卡夫食品，但最得意的投资是喜诗糖果。这些投资项目有一个共同点，就是与咖啡因、糖、盐等"瘾品"关系密切。

巴菲特曾高调宣称自己不碰科技股，却食言买了大量苹果公司的股票。因为他发现苹果公司的产品即使涨价，仍然有大量狂热的粉丝。从某种程度上讲，苹果公司生产的产品也是一种"瘾品"。

电子游戏行业是"瘾营销"的集大成者，后来的社交媒体产品，如微信、抖音等，都含有持续给用户带来快感的正面强化机制。

如果仅从脑神经科学的视角看，人就是荷尔蒙的奴隶。我们所有的行为，从无意识的小动作到自以为深思熟虑后的重大决定，无不受到大脑奖惩系统的驱使。

进化心理学解释了何为奖赏，何为惩罚。吃喝拉撒睡，是人类生存繁衍的基础；囤积收藏，可以提高人们幸存的系数；社会交往，能延伸个人的能力；晋级上升，能让人由此感到快乐；见猎心喜，可以让人从挑战中获得乐趣。这些都可以称为奖赏。那么，与这些相反的，就是痛苦的惩罚。

经济学家加里·贝克尔曾试图从理性的角度解释成瘾现象。虽然他的解释还欠缺点什么，但是至少可以让我们确定：人们之所以喜欢新奇的东西，是因为荷尔蒙对大脑的奖赏受边际递减效应的约束。

随机的、新奇的奖赏能对抗这种边际递减效应，让我们的大脑保持一种敏感性。

我们喜新却不一定厌旧，更多的是喜新恋旧。因为旧的、熟悉的事物能产生一种确定效应，能让我们获得一种确定的奖赏。更重要的是，选择旧的东西，可以让我们的大脑进入一种"省力模式"，让我们有多余的脑力去关注更多新奇的事情。

如今，线上已经开始反扑线下，商业生态正在向虚实融合演化。甚至，未来的游乐园也可能演化成科幻剧《西部世界》中那种由机器人组成的主题公园。

软件和算法正在统治世界，世界正在变得越来越容易"成瘾"。时代在变，但人性从来没有变。如果把"成瘾"视为人的一种行为模式，那么这种行为正在变得可以预测。

本书试图从进化心理学和脑神经科学的视角，勾勒虚实结合场景下的"用户画像"。然而，用多巴胺和"自私的基因"去解释一切是危险的，很容易让人堕入机械论和庸俗唯物主义论的泥沼中。

事实上，人类还有自我超越的需求，会受到更高层次的精神力量、人文力量的感召。我们不要误用或滥用所谓的奖赏进行营销，产品最终要以实现真正的用户价值为依托，否则狂欢之后只剩无尽空虚。

第 1 章

成瘾本质

——快乐行为的正面强化

人们买的不是东西,而是他们的期望。

——特德·莱维特

人最终喜爱的是自己的欲望,而不是自己想要的东西。

——弗里德里希·尼采

成瘾的本质原因不是"爽",而是"痒";不是犒赏,而是渴望;不是得到,而是想要;不是目的,而是过程。成瘾是快乐行为的正面强化,是同一行为的螺旋式往复上升。

过程比结果更吸引人

行为经济学家鲁文斯坦教授曾经做过这样一个实验:鲁文斯坦教授告诉一组大学生,他们过一会儿会得到一个吻,而且这个吻是来自他们最喜爱的好莱坞电影明星的;然后又告诉另一组大学生,他们在一周后才能得到同样一个令人激动的吻。

实验表明，后一组大学生的心理满足程度高于前一组大学生。因为后一组大学生在等待"吻"的这一个星期里，每天都会以非常真实的、期待的心态想象自己和最喜爱的好莱坞电影明星接吻的情形。这就好像他们已经和那个明星接吻了好多次。

总有一些网络游戏开发者会在自己的网站主页上设置这样一句话：不玩虚的，无限元宝，一刀满级。假如你想在游戏里过一把"登临天下"的瘾，不妨点进去。

然而，当你进去后，你会发现大家都是一样的。就算真的"不玩虚的，无限元宝，一刀满级"，那又如何？没有了打怪升级的过程，这游戏玩得还能过瘾吗？过瘾的前提是，我们必须经历这个打怪升级的过程。

所以，奖赏和期望奖赏，其实是两个完全不同的概念。苏轼的这首《观潮》道尽其中况味——

庐山烟雨浙江潮，未到千般恨不消。

及至到来无一事，庐山烟雨浙江潮。

旅行的意义和魅力不在于到达终点后的拍照留念，而在于旅行前的整备，出发前的设想，期待与谁同行……终点与过程，登顶与期待登顶，满足与期待满足……后者的价值可能更大。所以，药物依赖者才会说：心瘾难戒。

疯狂的鸽子与让人上瘾的漂流瓶

最早为我们揭示成瘾之谜的是一位名叫斯金纳的美国人，他是一位颇有声望，又颇具争议的行为学家。我们说他颇具争议，是因为他说话比较耿直，不喜欢委婉地表达自己。比如，斯金纳认为人的行为是可以被操纵的。其实，他完全可以用"环境暗示"或"启发"来界定人们的行为，就不至于惹来那么多人的非议了。甚至，斯金纳从不对妻子说"我爱你"，而是说"谢谢你今天又给了我正强化"。

斯金纳追逐名利，喜欢穿戴整齐接受摆拍。他闲暇时的一大乐趣是统计自己的论文被引用的次数，直到他的论文引用次数超过了弗洛伊德，他才不再关注这个问题。然而，这一切并不妨碍斯金纳成为"新行为主义"心理学派的宗师。

斯金纳曾训练出会打乒乓球的鸽子，会弹钢琴的老鼠，会用吸尘器的小猪……斯金纳设计的用来实验的箱子被称为"斯金纳箱"，且被心理学家普遍采用。

1944年，斯金纳接受军方的邀请，开始一项秘密研究：训练能够控制火箭飞行的鸽子。后来，因为采用了雷达控制火箭，斯金纳的研究成果被雪藏了。之后，斯金纳又开展了进一步的研究，试图了解奖赏多变性对鸽子行为的影响。

斯金纳先将鸽子放入装有杠杆的箱子里，只要杠杆被压动，鸽子就能得到一个小球状的食物。每一次的食物供给称为一次强化。之后，斯金纳又设定了给鸽子投食的时间间隔。鸽子得到食物后，系统会暂停，鸽子再次啄击玻璃才能得到食物。

鸽子无法精确地掌握获得食物的时间间隔，不过它们可以通过训练逐渐接近正确的时间点。然后，斯金纳随机改变了投食的时间间隔，这次是60秒后投食，下次可能是10秒、50秒或200秒等。

这种随机性投食使鸽子们要"疯"了，它们疯狂地啄击玻璃。有一只鸽子在14个小时内啄击了87000次玻璃。而在这14个小时里，鸽子真正得到食物的时间只占到了1%。

斯金纳的鸽子实验，主要是为了验证如何强化人类的行为。斯金纳总结道："行为的后果决定行为再次发生的可能性。"斯金纳关于鸽子的研究报告，是电子游戏行业的基本指导原则。研究发现，游戏爱好者不止在赢的时候感到快乐，甚至一听到游戏的音乐就感到很兴奋，这与斯金纳的鸽子何其相似！

斯金纳甚至用这种强化理论来指导育儿。简单来说，当孩子偶尔出现好的行为时，父母应该进行表扬和鼓励，来强化孩子这种好的行为；对于孩子不好的行为则"无为而治"，使其自然消退。

说完疯狂的鸽子,我们再来看看让人上瘾的漂流瓶。微信上曾有一个漂流瓶功能,不少人对这个漂流瓶上了瘾。"漂流瓶"是一个陌生人之间的社交游戏。漂流瓶内装着漂流信,但玩游戏者每次捡到的漂流瓶里面并不一定有漂流信,有可能是没用的海星。这正是漂流瓶吸引人的关键。

更重要的是,微信还限定了玩游戏者每天捡漂流瓶的次数。由此,人们对捡漂流瓶的游戏更加欲罢不能。而漂流信就如同一切稀缺之物,越发有吸引力。然而,当微信完成了它的用户占有率后,就永久下架了这个功能。

很多网络游戏的本质就是让玩游戏者不停地点击鼠标或者开箱子。除去那些聊胜于无的奖励,玩游戏者真正获得奖励的概率并没有多大。所以说,很多时候人们并不是为了获得结果才去做某件事情,更多的是想体验做的过程。因为,过程本身比最终的结果更令人着迷。

发现大脑中的奖励中枢

1954年，美国行为学家詹姆斯·奥尔兹和彼得·米尔纳进行了一项实验，这个实验中的发现足以让他们名垂青史。因为他们发现了大脑中的"奖励中枢"。

在这之前，已有科学家成功地将细小的针状电极埋藏于实验动物的大脑内，并通过电脉冲刺激动物的大脑，以观察电流刺激对动物行为的影响。科学家最终发现，其实大脑本身是没有痛觉的。

詹姆斯·奥尔兹和彼得·米尔纳把电极埋进一群小白鼠的大脑的不同部位，并把它们关进一个带有开关（杠杆）的斯金纳箱里，以此想知道电流刺激会不会让它们产生厌恶。实验中，多数小白鼠都讨厌脑袋被插入细小的针状电极。

但是，其中一只小白鼠的行为很诡异，它不仅不讨厌电极的刺激，反而好像很享受。这只小白鼠宁肯不吃不喝，冒着被电击的可能也要跳上通电网格，目的就是按压开关（杠杆）让自己的脑部受到电流的刺激（图1.1）。

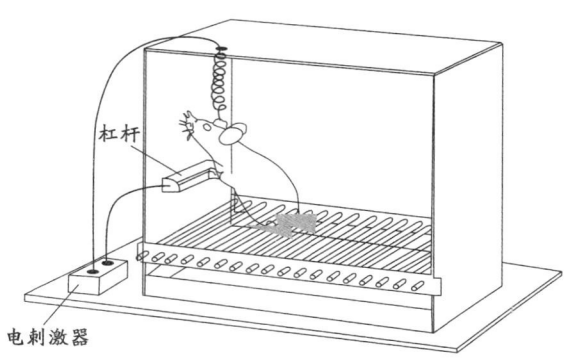

图 1.1 按压开关的小白鼠

当小白鼠学会了按压开关（杠杆）获得电流刺激以后，它就不断地去按压开关（杠杆），按压频率高达每小时 5000 次。它甚至可连续按压 15—20 小时，直到筋疲力尽，进入睡眠状态为止。

这两位科学家又发现，小白鼠的大脑中存在一个与欲望相关的特殊区域，叫作伏隔核（快乐预期中枢）。伏隔核被认为与对快乐的期望有关，伏隔核受到微小的刺激就会产生快感。这就是为什么老鼠会依赖上这种感觉了。

由此，科学家又发现，人们的下丘脑、边缘系统及其临近部位存在着奖励中枢和惩罚中枢。当刺激这些部位时，人们就会产生愉快的或不愉快的情绪。

在此之前，人们认为只有视觉、听觉和语言等功能才是存在于脑内的特定部位。而且当时流行的观点认为，像快乐或痛苦这类情感则各自以大脑的整体活动为特征而存在。但这个实验之后，大脑的奖励中枢被发现了。

人的大脑中有一种叫多巴胺的物质，它能让人产生愉悦、幸福、渴望、恐惧等感觉。更多时候，多巴胺像一个说客，会让我们产生渴望，进而诱使我们采取行动。

当我们采取行动后，大脑就会获得快感的奖赏，此时我们的这种行为就会得到正强化。为了继续得到奖赏，我们就会重复行动，形成一种螺旋式的重复行为，这就是成瘾。

渴望快乐是最强大的内驱力

詹姆斯·奥尔兹和彼得·米尔纳公布了"奖励中枢"的发现后,成千上万的研究者发表了与这个主题相关的论文。

数年后,另一些研究者对人类的大脑又进行了相同的实验。有一位叫罗伯特·希思的精神病专家在病人身上重复了这个实验。结果,病人的反应和小白鼠一样。

病人不停地电击自己,平均每分钟可达 40 次。在电击的过程中,很多病人由于电击而使肌肉放松下来,而有些病人会出现休克的症状,还有些病人会体会到欲望与快感。

更让人觉得不可思议的是,电源被切断后,病人还会继续尝试按动按钮,寻找电击的感觉。由于病人没完没了地做这个动作,研究者只能强行拆下安装在他们身上的设备。这个实验为电击疗法的出现奠定了基础。

罗伯特·希思的研究表明,人类和动物的大脑中都有主导快乐或奖赏的中枢。当我们做吃喝这类有益于生存的事时，大脑的奖励中枢就会让我们感觉良好。

由此，奖赏回路的概念也被提出来了。

奖赏回路的全称是边缘系统多巴胺奖赏回路，其功能是加工与奖赏有关的刺激，或是对奖赏的预期。在此之前，主流观点认为，人的行为动机主要是受负面情绪的驱动，比如恐惧、饥饿等。

人们激励他人的时候，也常常会采用鞭策和警告的方法。如果想鼓励一个学生考上大学，就会警告他"没学历将来会有多么悲惨的命运"；如果想激励一个人去努力工作，就警告他"今天工作不努力，明天努力找工作"。

前面我们说，老鼠们废寝忘食，不惜被电击也要迎难而上，获得一次愉悦体验。这个发现的伟大之处在于：除了痛苦之外，快乐也是引发行为的动机。这也说明，渴望才是最强的内驱力。当一个人内心有了对快乐的预期后，风雨中那点痛又算什么呢。所以，行动力的根本在于建立快乐的预期。

痛点、痒点、爽点

人饿了要吃饭,渴了要喝水,痛了要止痛。但有时候,人并不是只有饿了才吃饭、渴了才喝水。人们主动吃饭、喝水,更多时候是由于"快乐"的驱动。

行动源自心动,心动就会放大奖赏的诱惑力。真正推动人们开展行动的是对奖赏的期望,而非奖赏本身。打个不太恰当的比喻:我们轻挠皮肤会让自己感到爽,但我们不会有太强的动力去挠。除非真的太痒了,我们才会努力去挠。

奖赏确实会让我们感到"爽",但对奖赏的期望却让我们感到"痒"。因为人们大脑中的多巴胺会像放大镜一样放大这个奖赏的好处。一句歌词说:得不到的永远在骚动。对应的另外一句话是:得到的不知珍惜。科学实验表明,这不仅是流行的金句,还是非常正确的论断。

斯坦福大学的布莱恩·努特森博士利用功能性磁共振成像设备,测试了人们赌博时大脑中的血液流量。布莱恩·努特森博士想要由此知道，赌博时，人们大脑中的哪个区域更加活跃。

测试的结果表明，当赌博者获得奖赏（赢钱）时，大脑中的伏隔核并没有受到刺激。相反，在他们期待获得奖赏（赢钱）的过程中，大脑中的伏隔核却发生了明显的波动。

这说明，驱使人采取行动的并不是奖赏本身，而是渴望获得奖赏时产生的那份迫切的需要。大脑因为期待获得奖赏而形成的紧张感，会促使人采取行动。这个发现同样适用于购买行为。比如，我们终于买到了自己朝思暮想的物品，但真的买回来了，那种心心念念的期待感也就消失了。

越来越多的研究也表明，人们在期待奖赏时，大脑中多巴胺的分泌量会急剧上升。多巴胺这种脑内分泌的神经递质，在我们的大脑中更多的起到的是中介作用，并不能代表奖赏本身。

其实，多巴胺只做"捎信"的工作，告诉我们："有一个快乐的奖赏（恐怖的惩罚）就在前面。"

平时，我们大脑中多巴胺的分泌量只会有微小的波动。真正导致大脑中多巴胺分泌产生大幅度波动的，是期待的过程，而不是满足感本身。所以，很多人玩博彩、钓鱼之类的游戏，或许并不是为了赢多少钱、抓多少条鱼，而是为了享受期待、损失、收获的过程。

比如，钓鱼，一次次的切线、脱钩、断竿……钓鱼时求之不得的感觉会让人的欲望随之上升。在这个过程中，大脑中多巴胺的分泌量会产生波动，这个波动会让我们感到刺激。正如尼采所说："真正令人着迷的，不是我们想要的东西，而是欲望本身。"

多巴胺与欲望、抑郁

近代学者王国维曾说："生活之本质何？'欲'而已矣。"叔本华对人性的洞察可谓入骨，他说："生命是一团欲望，欲望不能满足便痛苦，满足便无聊，人生就在痛苦和无聊之间摇摆。"

欲望是个中性词，它的意思与"生趣"大致相同。生趣，就是活着的乐趣。当然，这种乐趣又有低级和高级之分。行为动机来源于欲望，那么欲望源于什么？

1. 成瘾行为的核心参与者

当我们沉醉于某种事物时，一些让我们感觉良好的化学物质的分泌量就会增加，大脑负责奖赏的奖励中枢就会被激活。这些化学物质中，最常被提起的是一种名叫多巴胺的神经传递素。

你问一个人多巴胺是什么，很多人能说出个一二三来，比如，多巴胺是瘾、多巴胺是爱欲、多巴胺是专注力、多巴胺是行动力……这些都是简化版的答案，都只是以偏概全。

其实，多巴胺是一种神经传导物质，是很多成瘾行为的核心参与者。它从前一个神经元中释放，漂浮在两个神经元突触之间的狭小的空隙中。然后多巴胺分子到达下一个神经元突触的受体上，随即启动信号并在第二个神经元中传递。

多巴胺分泌不足可能会使人患帕金森疾病，那么，多巴胺分泌越多就越好吗？不尽然。多巴胺不仅会让人感到快乐，也会让人感到恐惧。在研究动物的实验中表明，动物在感到害怕时多巴胺分泌量也会增加。

也有研究显示，多巴胺分泌量过少，人就很可能得抑郁症。而多巴胺分泌量过多，人就很可能得躁狂症，就会变得超级敏感，而这种人更倾向于发现偶然事件的意义，甚至有时也会无端拼凑出各种意义。

所以说，多巴胺是一种可以让快乐或恐惧的感觉更为强烈的物质。它有时像一个巧舌如簧的媒婆，告诉你前面有一个美若天仙（玉树临风）的人在等你。有时又像两军交战时的信使，告诉你敌军正携百万铁骑而来，要与你会猎天下。

有一种新观点认为，多巴胺本身并不是引起成瘾、恐惧等心理行为的直接原因。多巴胺可以看作和味觉、听觉一样的生理机能，是一种对显著敏感特征的警示。

大脑分泌多巴胺，可以让我们有获得奖赏的感觉，是我们能够保持活力的前提之一。但失去控制的大脑奖励中枢，会导致一系列无节制的强迫性成瘾行为的发生。

2. 当"瘾君子"变得心如止水

《美国精神病学杂志》曾刊登过这样一则案例：

33岁的亚当是一名嗜酒、吸毒者。一天，他服用了大量的毒品，以致自己陷入了深度的昏迷中。幸运的是，他最后被抢救了过来，但这次吸食毒品的经历差点儿要了他的命。亚当醒来之后，失去了对毒品的欲望。这很令人震惊！

亚当不仅失去了对毒品的欲望，还失去了对所有东西的欲望。从此，没有东西能再让他提起兴趣。他身体中的能量好像消失了，集中注意力的能力也消失了。

当他不再期待毒品带给他快乐的时候,他便失去了期望,最终患上了严重的抑郁症。

亚当这则病例的价值在于:它如实地反映了一个人是如何从"瘾君子"变成清心寡欲、心如止水的人的。对于亚当的这种情况,亚当的主治医生对他的大脑进行了扫描。主治医生发现,在亚当吸食毒品导致大脑缺氧的那一段时间里,他大脑中的奖励中枢受到了器质性损坏。

当一个人大脑中的奖励中枢不再工作时,他就失去了对事物的渴望,也就失去了生机和活力。当一个人的欲望全部消失时,他也就失去了生趣。

科学家也发现,大脑的奖励中枢不够活跃,是某些亚型抑郁症人发病的生理基础。其实,我们很多时候说"对某种东西感到快乐",很可能指的是"对这种东西渴望"。当我们失去渴望时,并不是不能感受到快乐,而是懒得再去追求快乐。

3. 抑郁的本质

现在，越来越多的人有了一个共识：抑郁的反义词不是快乐而是活力。斯坦福大学的布莱恩·努特森博士曾做过一个实验，他让患有抑郁症的人和没有患抑郁症的人共同参加一个活动，在活动中，这些人有可能赢钱，也有可能输钱。

而此时，布莱恩·努特森博士会通过功能性磁共振成像技术来检测参与者大脑的活动情况。布莱恩·努特森博士发现，当期望赢钱时，无论是抑郁症患者还是非抑郁症患者的伏隔核都被激活了，然而只有抑郁症患者的大脑前扣带回皮层（大脑中与解决矛盾冲突相关的区域）的活动增强了。

一个健康的人，在做一件令自己快乐的事情时会有快乐的感受。快乐就是直接的奖励。这个积极的反馈会驱使人不断采取行动。然而，抑郁症患者的脑内奖惩系统是紊乱的。

布莱恩·努特森博士的这项研究有助于进一步了解抑郁症患者内心的快乐和痛苦是怎样相互联系的。而这也说明抑郁症并不是单纯的快感缺乏引起的,而是处理奖赏信息的神经元活动受到了处理惩罚信息的神经元活动的干扰。

我们可以说,抑郁症患者之所以出现抑郁的症状,是因为他们的大脑正处于一种内耗的矛盾状态中。布莱恩·努特森博士认为,这同抑郁症患者在处理正面信息过程中遇到的困难是一致的。

这也更为明确地说明了,抑郁症患者在面对可能获得奖赏的机会时,其内心是矛盾的。该研究还表明,某些亚型抑郁症患者只不过是情感上有点痛苦、失望或者困惑,而不是缺乏快感。

三步成瘾原理

在畅销书《上瘾》中,尼尔·埃亚尔和瑞安·胡佛两位作者提出了一个产品"四步成瘾"的模型,即触发、行动、多变的筹赏、投入。为了便于理解,我把这个步骤进行了"脱水",简化为三步,即触发策略、花式犒赏、锁定机制,暂且称之为三步成瘾原理。

三步成瘾原理中,花式犒赏是关键所在,即怎样用各种手段让消费者对产品上瘾,欲罢不能。

1. 触发策略

所谓触发策略,就是触动、撩动、发动顾客去试用和购买的策略。触发策略其实是传统营销学已经研究得很透彻的一个话题。最直接的触发策略就是打广告,比如,你看到广告上的男人开了一辆车,自信满满的样子,你也就有了想要买一辆车的冲动。

有时候,触发策略只需要一个非常微妙的细节改变。万宝路香烟在进军日本市场的时候,出师不利。为了扭转战局,香烟的外包装设计者从包香烟的锡箔纸上着手,改进了设计。

设计者在锡箔纸上刻一圈虚线，以方便消费者撕开。正是这个细微的改变，使万宝路香烟在几个星期内就走出了低迷的态势。原来，日本人生性喜欢整洁、精致的东西。他们不喜欢把锡箔纸撕下来的那种凌乱感觉，因为这可能会破坏锡箔纸表面的图案。

正是设计者在锡箔纸上刻一圈虚线，使得消费者既能轻而易举地拆开包装又能保持图案的完整。所以说，触发策略就像我们在打靶时扣动扳机一样，子弹会射向目标（消费者）。而触发策略的优劣，决定了命中率的高低。

2. 花式犒赏

当消费者被触发或唤起以后，他们就会采取行动，购买或使用产品。这个时候，营销者就要给顾客一个积极的反馈，奖励或犒赏消费者。反馈不能千篇一律，如果总是一样，就会被消费者一眼看穿。时间一长，消费者就会感到乏味，甚至腻味，因此，我们需要花式犒赏。

我们需要什么样的花式犒赏呢？下面我们就来说说9种花式犒赏形式。

（1）生理型犒赏：水、面包、阳光、房屋、性等基本的生理需求。

（2）囤积型犒赏：满足人囤积和占有的欲望。

（3）随机型犒赏：临时获得的奖品、有趣的故事等让人兴奋的奖赏。

（4）即时型犒赏：大脑喜欢快速、积极的反馈。

（5）社交型犒赏：点赞、微笑、合群、被认同等可以让人愉悦的奖赏。

（6）晋级型犒赏：人都有向上爬的欲望，迷恋等级、勋章、奢侈品。

（7）自我实现型犒赏：满足人们的完成欲、使命感。

（8）超越型犒赏：高峰体验。

（9）伪犒赏：惠而不费的奖赏、零奖赏、负奖赏。

那些让我们欲罢不能的习惯养成类产品或多或少都是利用了这几类犒赏形式中的一种或者几种。我们能够在各种具有吸引力的产品和服务中找到花式犒赏的影子。在它们的召唤下，我们会查看网页，使用 App 或者购买产品。

这 9 种犒赏形式，我们将在第 2 章详细介绍。

3. 锁定机制

所谓锁定机制，就是通过让用户"投入"其中而"锁定"用户，实现与用户的强力连接。关于锁定机制，营销学界和行为经济学界已经有不少研究成果，当它们与成瘾机制相结合时，便会爆发出惊人的威力。

在这里，我们先来简单介绍几种常见的锁定机制，具体的阐述将在后面的章节中进行。

第一种锁定机制——沉没成本。

沉没成本，又叫非攸关成本，指没有希望捞回的成本，即追加投入再多，都无法改变大势。从理性的角度来看，沉没成本不应该影响决策。但行为经济学家理查德·泰勒通过一系列研究，证明了人的决策很难摆脱沉没成本的影响。

我们可以想想，自己在生活中是否有过类似于下面的经历：一部网剧已经越来越没意思了，你还是会去追；一个游戏已经越来越乏味了，你还是会充值玩；QQ号已经很久没有用了，你还是会登录……

再比如，你预订了一张话剧票，已经在网上付了钱，且不能退票了，但因为最近太累不想去看了。可是一想到如果不看就浪费了钱，于是你还是去看了这场话剧。

但是在看话剧的时候，你越看越觉得乏味，这时你会有两种做法，一种是忍受着看完，另一种是提前离开剧场。这个过程中，你付的钱已经不能收回了，就算你不看话剧，钱也收不回来。而这次你为看话剧付的钱就可以称为沉没成本。

第二种锁定机制——宜家效应。

宜家与其他家具公司销售已组装完毕的家具的做法不同，它让消费者自己动手组装家具。行为经济学家丹·艾瑞里通过调查发现，让客户投入体力劳动有一个看不见的好处——客户对自己组装的家具会产生一种非理性的喜爱，会高估这件家具的价值。

所以说，让用户投入其中，付出精力，可以提升产品的价值。微博只是一个可以分享日常生活内容的应用程序，但由于它的内容是用户自己写的，那么用户在自己的微博上写的东西越多，用户就会对这个微博账户越珍惜。所以，当微博引导用户升级为付费会员的时候，很多用户也是愿意的。

腾讯公司为了锁定用户，还开发了QQ空间，其中包括说说、日志等应用，鼓励用户在上面写东西。这与微博的营销手段是一样的。

很多企业会利用用户的投入给自己的产品赋予更高的价值，因为他们知道，用户曾为产品付出过努力，对产品投入了自己的劳动，所以会更加珍惜这款产品。

第三种锁定机制——圆满效应。

打个比方，我们画一个圆，画了3/4的时候，一个急迫的电话打断了我们。于是，我们不得不停止画圆去接电话，但在打电话的时候，我们的心里仍会记着自己还没有画完的圆，而且还会告诫自己一定要把圆画完。

其实，集齐各种"福"字兑奖的活动，以及集齐卡片抽奖的活动，都是利用了人们的这种心理。前几年，"小浣熊"干脆面就利用了人们的这一心理进行营销。只要购买者集齐水浒一百单八将就能兑奖，结果很多消费者开始不停地购买这个牌子的干脆面。

还有很多"果粉"觉得买齐苹果三件套，即 iPhone、iPad 和 MacBook，方觉"功德圆满"。这其实是一种普遍存在的追求圆满的内在驱动力在作祟。

我们把一个网络游戏玩通关，追一部网剧一直追到大结局，在这期间，我们可能早就不想玩这个游戏了，或者早就不想看这部越来越离谱的网剧了，但我们还是坚持到底了。其实这都是圆满效应在起作用。

办会员卡也是一种圆满效应。我们入住酒店的时候，会很在意自己是金卡会员还是白金卡会员，抑或钻石卡会员。虽然最高等级的会员并不能给我们带来多少优惠，但我们却感到非常受用。

其实我们从购买会员卡那一天起，就已经被"锁定"了。因为我们的心里会觉得自己总有一天要变成最高等级的会员，如此才算圆满，否则总会有一种小小的遗憾。

第四种锁定机制——试用效应，也可称为小狗效应。

这就好比父母领孩子逛街，路过宠物店，孩子一直和宠物店的小狗玩，不忍离去。如果店主和孩子的父母认识，会慷慨地说："你们把它带回家过周末吧。如果它和你们合不来或者你们不喜欢它，星期一早上再把它送回来就行。"

父母和孩子如何能抵挡这样的诱惑！在与小狗相处的日子里，一家人都很快乐。大家每天争着去遛狗，看着小狗憨态可掬的样子，更是喜爱，甚至小狗晚上乱叫也会为小狗开脱："哎，它还是一只小狗呢。"

星期一到来了，父母要上班，孩子要上学。但父母和孩子已经把小狗当成家庭中的一员了，都不想把小狗送走。于是，这一家人就很可能会买了这条宠物狗。这就是小狗效应。

很多 App 产品也会提供一个试用期。比如，顾客可以先免费订阅该项目 30 天，试用期满后可以选择续订或不续订。这就是利用试用效应的营销策略。

第五种锁定机制——承诺和一致性。

这个原理由《影响力》作者罗伯特·西奥迪尼博士提出，它其实是由内外两重心理锁定机制构成。

承诺是一种外部的锁定。我们都知道，不管是人还是企业，言行不一时，就会受到社会的道德谴责。现在很多电商会引导顾客打"五星"好评，甚至写吹捧性留言，条件是给予事后优惠。当顾客为了蝇头小利点赞或评论后，其实就相当于公开为这家电商做了"信用背书"。除非商品质量真的很差，否则顾客不会再去"黑"这个商家。

第六种锁定机制——持有效应。

心理学家在赌马者身上发现了一个有趣的现象，那就是赌马者一旦下了赌注，他们立刻就会对自己所买的那匹马信心大增，尽管这匹马获胜的概率其实并没有多大。

就在下注前的半分钟，他们还对下注的马匹能获胜没有一点把握，然而下注之后，他们马上就会变得乐观起来，对自己下注的马匹信心十足。

第七种锁定机制——网络效应。

网络效应在经济学上被称为"网络外部性"，也就是说，这个效应并不是由产品本身引起的，而是因为外部环境中使用它的用户多了,它的价值才大了。简单来说,一件产品被用户使用的次数越多,这个产品就越有价值。

上面说的七种心理学效应,并不是孤立存在的,很多时候是交叉起来起作用的。

第 2 章

花式犒赏
—— 大脑无法拒绝的 9 种犒赏

人的一切行为几乎都是操作性强化的结果。

——伯尔赫斯·斯金纳

快乐并不需要下流或肉欲。往昔的智者们都认为只有智性的快乐最令人满足而且最能持久。

——威廉·毛姆

对大脑的犒赏形式是多种多样的，这些犒赏的不同排列组合，会让人们产生不同的过瘾体验，而且有欲罢不能的感觉。结合当下的市场营销实践，我认为大脑对如下几种犒赏形式无法抗拒。

生理型犒赏

人有五种感官，却有六种欲望：见欲、声欲、香欲、味欲、触欲、意欲。而佛教经典《大智度论》则认为，人的六种欲望分别是：色欲、形貌欲、威仪姿态欲、言语音声欲、细滑欲和人相欲。

从人类生存和延续的角度来看，声欲、食欲、性欲都是符合生理的、自然的奖励。孔子说："饮食男女，人之大欲存焉。"就是说，饮食和性行为是人类最基本的生理欲望。因为人吃喝拉撒睡时，大脑的奖赏回路会被激活。

高糖、高盐、高脂肪、麻辣等食品，以及含可可、咖啡因等饮料会让人上瘾，由此，西方国家就出现了一个新概念——瘾品。

性是一种隐蔽的欲望，从进化论的角度来看，人们的性欲是为了繁衍后代。但人类的性欲如果被滥用，就会导致堕落。

当孔子在齐国听到韶乐后，居然食肉三月不觉滋味，这是声欲的魅力。一种声音好不好听，其实取决于它对我们大脑的刺激的技巧。一些高档汽车的关门声，其实就是特意设计出来的。

有一个概念叫 ASMR，可以译为"自发性知觉经络反应"，是一个用于描述感知现象的新词。这个概念主要说的是，通过对视觉、听觉、触觉、嗅觉等感知上的刺激，使人的颅内、头皮、背部或身体其他部位产生愉悦的感觉。

ASMR 在医疗研究方面也有一定的价值，比如，可以借助立体化的声音帮助失眠者舒缓情绪、快速入眠。

肯德基曾经利用 ASMR 原理进行营销。英国的肯德基快餐店在其网站上开设了一个频道，访问者可以听到炸鸡、烤培根、炖肉的声音，每种声音将持续播放 60 分钟。肯德基快餐店也曾让人扮成"肯德基上校"，对着镜头提供各种声音刺激，比如，啃酥脆的炸鸡的声音。

囤积型犒赏

在人类进化史上，善于在身体内囤积脂肪的祖先比较容易存活下来。在没有冰箱的漫长岁月里，保存食物，尤其是保存那些很难获取的食物，一直是人们非常头疼的事情。

囤积是一种适应性行为。无论是蚂蚁、蜣螂、老鼠还是人,只有囤积食物,才能应对恶劣的自然环境。囤积会让人们获得安全感。人是善于使用工具的高级动物,所以人还进化出了对武器和工具的囤积欲望。

如今的人们热衷于浏览、搜集各种资讯,从进化论的角度来讲,这与我们对食物的热爱和囤积一样,都是为了增加生存的资本。

我们和电影《阿丽塔:战斗天使》中的女英雄一样,都拥有一个"幸存者的灵魂",对武器、装备有着特别的执念。在网络游戏中,我们会贪婪地占有各种武器,版图的扩大会让玩家产生一种占有的快感。甚至《大富翁》这种卡通化的游戏,也会让玩家获得控制资产的良好体验。

有些人天生爱囤积、储藏,有的人甚至有囤积的强迫症倾向,以至于家中堆满了无用之物。他们深信,自己的那一堆破书和旧杂志里,可能包含着自己有朝一日会用得上的重要信息。

在"今日头条"之类的内容平台上,我们只要看完其中的一篇文章就能获得积分（金币）奖励。且不说这些积分有没有用或者内容有没有用，但它最起码满足了一些人的囤积欲望。

随机型犒赏

科学研究表明，未知的好消息会激发人们内心的渴望。人们在期待奖励时，大脑中多巴胺的分泌量会急剧上升。奖励的变数越大，大脑分泌的这一神经递质就越丰富，人也会因此进入一种专注的状态中。

乔布斯在世的时候，人们认为乔布斯随时有可能公布一些令人震惊的消息。因为通常情况下，在苹果公司的新产品发布的前几个月，苹果公司会故意泄露一些信息。先是一个可靠的消息，然后是谣言，接着又用其他谣言来反驳先前的谣言。这些虚虚实实的消息，本质上就是一种随机型犒赏，驱使人们进行更加疯狂的猜测。所以在网上，有人经常会假想出一款苹果手机，并猜想未来的苹果手机是什么样的。这种对未知的预期会打乱人们大脑中负责理性与判断的部分，而负责需求与欲望的部分会被激活。

乔布斯还有一个让人尖叫的口头禅——"还有一件事……"每当大家都以为新闻发布会快要结束时，"彩蛋"又来了，乔布斯会说："哦，还有一件事……"然后他会拿出一个惊艳全场的产品。这种意外之喜简直让人欲罢不能。

当人们都在猜测下一代 iPod 会是什么样子的时候，乔布斯却从口袋里掏出来一个 iPhone 智能手机。当人们觉得发布会要散场的时候，乔布斯又会拿出一个大信封，并从里面掏出一个 Macbook Air 超薄笔记本电脑。

当大多数厂商都信奉媒体轰炸性的宣传策略的时候，苹果公司却"犹抱琵琶半遮面"。乔布斯最喜欢制造意外之喜。他越保持神秘，就使人越兴奋。

惊喜是一种依赖于期望，又打破期望的脑内奖赏。我们痛恨别人"剧透",就是因为他们毁掉了我们在期望的过程中本该享受到的惊喜。

假设一位甜品店的老板决定,每周二向顾客免费赠送一盒泡芙。这种赠送行为如果持续到第四个星期,那么免费赠送的泡芙在顾客眼里就没有了吸引力,人们就会认为那是理所当然的事情。

研究人员用香蕉喂一群猴子,并通过大脑扫描技术监测、记录猴子的兴奋程度。研究人员发现,与事先得到投递香蕉的消息的情况下的兴奋程度相比,没有任何预兆的情况下得到香蕉,猴子会更兴奋。而且此时,猴子大脑中的多巴胺神经元兴奋得更持久,强度更高。也就是说,多巴胺系统对新鲜事物的刺激更敏感。

所以,随机的、稀有的、新奇的犒赏,会给顾客带来难以忘怀的体验。也正是这个原因,在游戏打怪的过程中,时不时爆出的稀有的装备或道具,会让玩家感受到强烈的惊喜。

Uber进入中国市场时,Uber的营销策略是主打有趣和惊喜。在推广期间,如果顾客叫了辆普通车,公司可能会给顾客派来一辆豪华的SUV，这种惊喜让顾客难以忘怀。

人之所以有活力、有生气，在于满怀着对未知的憧憬。"稳定的"奖赏，就像钟摆一样乏味，不过是一遍遍重复着单调的摆动而已。这也可以解释人为什么会喜欢冒险、爱折腾了，不过是要对抗这种乏味罢了。

金融市场也是因为其跌宕起伏才令人痴迷的。有人曾经靠自身才艺每年都能妥妥地拿到几十万元的收入，自从迷上炒股，才艺基本荒废了，钱也没赚到。

在市场营销中，当我们费尽心思把顾客吸引过来后，也就与顾客建立了联系，这个时候就要尽快地给予他们积极反馈，花式犒赏顾客。比如，给会员优惠、充值送礼券等。这其实只是最基本的犒赏手段。

然而，一旦顾客知道下一步会发生什么，一切都会变得乏味。只有预测不到的结果才会激发顾客的渴望。但需要注意的是，人们对极度的不确定性是厌恶的，这就需要商家把这种不确定性设置在一个合理的范围内。当然，商家的促销过于频繁且无规律，也会让品牌的吸引力严重下降。

即时型犒赏

即时型犒赏,是一种快速反馈、随时回应的奖赏。大脑喜欢快速、积极的反馈。比如,当我们去游乐场玩的时候,往老虎机里投币,老虎机就会发出绚烂的灯光、悦耳的声音,这就是即时型犒赏。

地铁站总是希望乘客多走步行梯,但乘客偏爱乘电梯。于是有个小城市的地铁站就把步行梯刷成了黑白相间的颜色,看上去像钢琴的键盘,当人的脚踩上去的时候,每一个阶梯都会发出不同的声音。这个方法大大地提升了乘客走步行梯的概率。悦耳的声音——这种即时、积极的反馈让人对走步行梯上了瘾。

人们玩游戏不觉得累,是因为游戏中的成长值、进度条会时刻提醒人们在进步。游戏之所以能诱惑人们,主要靠的是这种快速的"进步感"。

我们不妨观察一下:我们排队买一张票,有两列一样长的队伍,不同的是,一列匀速前进,一列时快时慢。大部分人肯定会选择那列匀速前进的队伍，因为匀速前进会让我们的心情更好一些。

但我们最后会发现，不论我们排在哪列队伍后面，其实买票所用的时间都差不多。但是我们要知道，大脑喜欢即时的、积极的反馈，哪怕是一种假象。

假设我们第一次去一家甜品店消费，老板送给我们一张积分卡。积分卡上面画了8个格子。老板说："从下次开始，你每消费一次就可以在格子里盖一个章，集齐8个印章，就可以获赠一盒天然奶油蛋糕。"然而，老板还有另一个版本的积分卡，上面画了10个格子。老板说："你每消费一次，就可以在格子里盖一个章，集齐10个印章，你就可以获赠一盒天然奶油蛋糕。考虑到你是第一次来消费，我们先把头两个格子的章盖了，下次就直接从第三个格子开始盖章。"

其实，这两种积分卡的价值对我们来说是一样的，只是老板用了两种方式进行推销罢了。但统计显示，第二种积分卡的出售率比第一种高两倍左右（图2.1）。

①②③④
⑤⑥⑦⑧

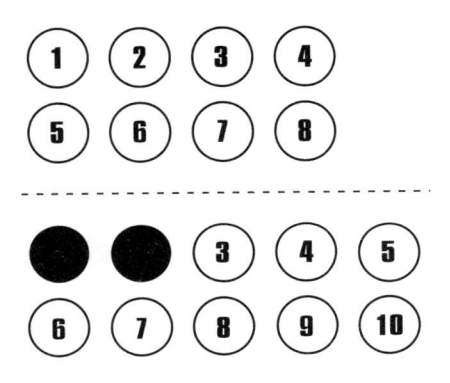

●●③④⑤
⑥⑦⑧⑨⑩

图 2.1　两种等价的积分卡

大量的、一般性的好消息比一个非常好的消息更令人满意。经常崭露头角比长期不得志后的一鸣惊人更令人有幸福感。

互联网商业模式中，如果从"瘾营销"这个维度分析，"快奖赏"淘汰"慢奖赏"，"操作简单的"打败"操作复杂的"，已经成了一个趋势。

快手、抖音这类短视频平台的崛起，得益于其"短"。过去，我们在相声、小品中要看几分钟才能听到、看到一个笑点，现在在抖音、快手上只需几秒就能听到或看到。这种即时型犒赏，可以让大脑有高潮迭起的感觉。

同样的道理也可以用来解释为什么微博会超越博客、短视频能超越微电影。

社交型犒赏

人是一种社会动物,有与他人建立关系的本能。在原始社会,人们靠群居生活得以幸存,因为与他人合作才能更好地克服种种困难。所以,人们本能地渴望社交认同,社交认同是一种基本的心理需求。

我们在自媒体上"晒"各种东西,很大程度上是为了获得他人的认同。点赞就是最简单的社交认同。

我们喜欢网络游戏胜过单机游戏的原因也在于此。在网络世界里,我们可以获得他人的关注、评论和点赞,可以和他人并肩作战,组成团队、公会,甚至玩家之间可以举办虚拟婚礼。这其实都是一种寻求社交认同的表现。

当孩子要与母亲分离,他们就会对和母亲一起盖过的那条毯子非常依恋。对孩子来说,这个"安全毯"就成了母亲的替代品。成人其实也一样。当我们不能与他人建立起健康的社会关系时,我们会寻求与他身边的"物"建立联系。

20世纪80年代的一个研究表明,成绩不佳或求职不顺的 MBA 学生，更倾向于向别人展示自己高档的西装和手表。这其实是社交认同受挫后的一种弥补行为。这其中往往也蕴含着商机，营销者可以增强某些商品的"拟人化"特质，以弥补社交型犒赏的不足。

晋级型犒赏

在所有动物中，灵长目动物的等级最为森严。人，是万物之灵长。按照马克思主义的观点，人类社会的阶级压迫由来已久。现代考古发现，阶级压迫甚至可以追溯到原始社会早期。

人类社会是一个大型金字塔结构，向上爬是人的本能。奢侈品的第一特征是稀缺性，对应的是金字塔尖的位置。"爬金字塔"其实是一个永无止境的游戏。

当然，奢侈品也具有社交型犒赏的作用，但奢侈品最主要的功能是晋级型犒赏。每个人都想拥有奢侈品,这就是一个商机。你或许不喜欢名牌服饰,但你可能会喜欢豪车。你不喜欢豪车,但你可能会喜欢住豪华酒店。人总是会有欲望的。

但我们也发现一个规律:一些奢侈品只是在一定的时间段内是奢侈品,随着时间流逝和社会发展,就会逐渐沦为"日用品"。比如星级酒店、马桶等,曾经都是奢侈品,现在已经变成普通人也可以享用的了。

很多时候,我们对服装品牌的重视,甚至会超越款式和品质。人们选择购买奢侈品,不仅因为它是社会阶层上升的"认证徽章",还因为它能带来意想不到的社交认可和机遇。这与玩家在游戏中买最高级的战袍、装备是一样的道理。

人们骨子里总是希望自己是拥有特权的少数人。某些行业会根据人的这种本能,制订带有不平等性的用户政策,满足人们的特权欲,并由此获得丰厚的利润。如,航空公司会把机舱分为头等舱、商务舱和经济舱。

史玉柱投资的《征途》游戏,分为人民币玩家和普通玩家。他说:"网游按时间点卡收费最严重的问题就是,无论是穷学生还是亿万富翁，在游戏中的消费都是一样的——这在营销上是最忌讳的。"

绝大多数的网站也会以"免费"为诱饵，然后通过提供增值服务，将用户划分层级，制造一种特权感。

游戏中的各种勋章、会员、VIP等级等奖励，都是为了满足人们希望获得层级上升的优越感。很多手机游戏、小程序，每天会公告一次排行榜，就是利用了人们希望成为卓尔不群的人的本能。

自我实现型犒赏

挑战欲是一种自我实现型犒赏。千万不要低估了人类的挑战欲，如果目标靠谱的话，很多人是乐于接受挑战并期待挑战成功后的喜悦的，这就是一种典型的自我实现型犒赏。

人们想做出比以前更好的营销方案，希望写出更有价值的作品，这些都或多或少受到了挑战欲的驱动。这种期望中的成就就是自我实现型犒赏。

还有一种常见的自我实现型犒赏就是使命感。电影《黑客帝国》的开头，讲的是一个整天被老板压榨的小白领梦见自己成了拯救世界的英雄。这其实是很多人"平凡日子里的英雄梦想"。

很多网络游戏都会在开头交代一下游戏背景，比如，妖魔祸害人间、地球遭遇僵尸病毒侵袭等。在游戏的开头，玩家会被告知如何玩这个游戏，如何斩妖除魔、拯救人类。这个充满现实感的开头，为虚拟的游戏增添了存在的意义。虽然很多时候玩家也知道这不过是一堆虚拟的程序在运行。但游戏赋予玩家虚拟的使命，却能有效地召唤玩家去降妖除魔，并让玩家感到或欢喜，或愤怒，或崇高，或悲壮。这就是虚拟的自我实现型犒赏。

超越型犒赏

心理学家马斯洛曾提出一个高峰体验（peak experience）的概念。高峰体验，是一个比喻，是一种类似于登临高峰之巅的感觉，是一种感受到来自心灵深处的颤栗、欢快、满足、超然的情绪体验。

在高峰体验的状态下，我们会有敬畏、崇拜等心情，体会到超越与神圣的感觉。与之相关的词汇有出神、上瘾、心流、狂喜、入迷、出神等。这种高峰体验，可以称为超越型犒赏。

马斯洛认为，所有人都具有享受高峰体验的潜在能力，但"自我实现的人"（需求层次理论的顶层）更可能产生"高峰体验"。

这种高峰体验，经历一次就足以让人"上瘾"，但它又不是"上瘾"，而是一种超越型犒赏，是很多创造性活动、创造性思维的动力之源。

爱因斯坦曾说："我们能经验到的最美丽事物就是神

秘的事物。"而莫扎特则说过："我真的从不曾研究或追求创意，音乐不是由我而来，音乐是透过我而来。"

高峰体验是一种神秘体验，与血清素、内啡肽、多巴胺、大麻素、催产素、去甲肾上腺素有关。所以，当一些误入歧途的创作者乞灵于成瘾性物质时，另一些天才型的高创造力个体，正欲罢不能地投入某一个创造领域，把自己的心思精力自觉不自觉地投入其中，通过创造性活动、创造性思维，获得超越型奖赏。

正是由于这个原因，有些人会毫无保留地发表自己的见解，比如，知名互联网人士"雕爷"曾说："我和核心团队认为，最令人兴奋的是把某个商业行为做成'案例'，能够充分将我们自己总结的商业'方法论'实践出来，印证我们的方法论是管用且超牛的——就仿佛，爱因斯坦鼓捣出来《相对论》还不够 High，得看到原子弹爆炸，蘑菇云升起一刹那，众人交口称赞 $E=mc^2$ 原来是真的！如此才觉得飘飘欲仙，暗爽不已。"这个时候，其所获得的也是一种超越型犒赏。

伪犒赏

我们的大脑非常容易被骗，比如，生病了，我们吃片药就会感觉好多了；憧憬一下未来，我们的干劲就起来了；穿一件名牌衣服，就觉得自己的地位上升了。

我们的大脑对得与失的判断，会依赖一个参照物，从而获得一个比较好的结果。这是一种主观感受。如果以输为参照物，那么不输就是赢；如果以大赢为参照物，小赢就是输。

"忆苦思甜"能使我们不忘过去的苦难生活，从而更加珍惜眼前的幸福生活。这也是"忆苦思甜"的原理所在。伪犒赏的意义在于预期管理，有三种形式：惠而不费的奖赏、零奖赏、负奖赏。

商家可以通过语义效应、文字游戏，制造出惠而不费的奖赏。这种伪犒赏可以有效地排遣人们日常生活中的枯燥，降低快感的阈值。

玩游戏的时候，玩家大部分的时间都用来打怪兽了，打开偶尔出现的宝盒会让玩家获得十几枚金币，但总比什么都没有获得好。

零奖赏也是非常重要的，假如玩家一直受到奖赏，那么玩家的快感阈值会不断升高。当真正的奖赏到来的时候，他们就没有那么兴奋了。所以，为了让奖赏能够保持其本身的吸引力，营销者需要"矜持点"。因此，空宝盒的出现，可以让十几枚金币显得不那么"鸡肋"。在漂流瓶游戏中，捞到海星，可以让捞到漂流信变得更有吸引力。

伪犒赏的极端形式是负奖赏，也就是惩罚。"前面有肉，后面有狼"的饥饿游戏最为刺激。赌博之所以令某些人迷恋，是因为它是有赢、有输、有平局的游戏。网络游戏中的人物并非不死之身，同样会受伤、中毒，这种惩罚机制会激起玩家的挑战欲。

伪犒赏的存在，令前面几种犒赏（犒赏的组合）显得更有魅力。

# 第 3 章

锁定机制

——投入、付出与网络效应

人生而自由，却无处不在枷锁中。

——让-雅克·卢梭

一个人如果不能平静地面对自己的损失，就会参与到他原本不可能接受的赌博。

——丹尼尔·卡尼曼、阿莫斯·特沃斯基

很多时候，我们所拥有的自由并不是绝对的，需要我们认真总结和反思。那些让我们上瘾的事物中，都隐藏着一种锁定机制，都有一个无形的"倒刺"，当我们想要退出时，就必须为之付出一定的代价。

求圆满的购买心理

圆满效应是客户购买产品的重要动机。比如，一个顾客买了宜家的一个书架，可能不久后又买了一张宜家的沙发。再比如，一个顾客买了一台苹果手机，接着会买一台苹果的平板电脑，进而还会考虑是否需要买个苹果的笔记本电脑，凑齐苹果三件套。

宜家家居的商品定价就充分利用了圆满效应的营销学原理。宜家总会推出几件性价比很高、设计精良的产品，当顾客买了这些产品后，就会拥有超值体验。在配套效应的引导下，顾客就会购买宜家其他的一些性价比比较高的产品。

丹尼斯·狄德罗是18世纪法国的著名哲学家。有一天，朋友送狄德罗一件质地精良、做工考究的红色袍子，狄德罗非常喜欢。但是，当他穿着这件华美的袍子在书房思考问题时，他总觉得家具破旧不堪，与身上的这件华服极不相称。于是，他叫来仆人，将书房的家具都换成了新的。

虽然家具和华服搭配上了，但是他很快又觉得墙上的挂毯、钟表等物件也与他身上华丽的衣服格格不入。结果，整个书房的东西都被他一一换成新的了。最后狄德罗发现，自己的行为与选择竟然被一件袍子"锁定"了。

这其实就是一种圆满效应，也折射了普遍存在的一种心理现象。

当人拥有了一件新的物品后,他会为了和这件新物品配套,不断地配置更多的新物品,以这种方式来获得心理的圆满。企业在做产品设计的时候,也要考虑圆满效应,考虑产品之间的互补、协调、风格统一等问题。

低价诱导"不归路"

"路径依赖"在营销学中也可以称为"锁定效应"。最早提出路径依赖概念的是美国经济学家道格拉斯·诺斯,正是因为他用路径依赖理论成功地阐释了经济制度的演进,才获得了1993年的诺贝尔经济学奖。

所谓路径依赖,是指人类社会中的技术演进或制度变迁均有类似于物理学中的惯性,即一旦进入某一路径(无论是好还是坏),就可能对这种路径产生依赖。

路径依赖理论被总结出来之后，人们把它广泛应用在选择和习惯的各个方面。很多商家也善于利用消费者的路径依赖心理，放长线钓大鱼。

你对自己现在的职业感到满意吗？如果不满意，你会换职业吗？多数情况下，一个人即使对自己的职业不满意，也不会轻易转行。有人总结了两个方面的原因：第一，如果换职业，就会丧失原来的经验、人脉、地位等多年打拼下来的资源，一切从头开始；第二，当一个人习惯了某种工作状态和职业环境时，就会产生一种依赖性。这其实就是一种路径依赖，类似于物理学中的惯性。

市面上的有些打印机，定价非常低。一般情况下，当代理商销售打印机数量多的时候，厂家还会给返点，那么厂家怎么赚钱呢？

其实，厂家盈利的关键是售卖后续的耗材，耗材即消耗品，是长期要使用的。原装墨盒就是打印机的耗材，其价格从几十元到几百元不等，且墨盒中的墨粉是有一定量的，打印的东西越多，消耗得越快，打印量大的话，墨盒消耗的速度是十分惊人的。厂家不靠售卖机器赚钱，却可以利用低价售卖机器形成的"路径依赖"——卖原装墨盒赚钱。

有的企业能够不断盈利,越做越大,而有的企业却日渐式微,一个重要的原因就在于产品的"锁定效应"。吉列剃须刀的成功推销,很大程度上就利用了"锁定效应"。

消费者可以在超市买到一种基本款的吉列剃须刀,包括一枚刀架、一枚刀片、一瓶剃须泡沫,总共15元钱,这样看来,商家几乎没有什么利润可赚。然而,等到消费者需要更换刀片的时候,却发现这种双层刀片只有3枚1盒或5枚1盒装的。其中,3枚1盒装的售价竟也是15元钱。可见,吉列剃须刀就利用了"锁定效应"的营销策略。吉列赚取的正是刀片这种耗材的利润。

超级种子用户 & 参与感

据小米公司元老黎万强回忆,小米论坛刚开始创立的时候,非常粗糙,后台只有一个工程师,而且只是利用开源论坛的代码简单配置一下就上线了。小米论坛创立第一个月的时候，论坛的注册用户只有一百多个。

F码是小米进行粉丝管理的一个微创新。为了让"超级种子用户"，也就是"铁粉"能够在第一时间获得产品，小米设计了F码。F是英文单词"friend"的第一个字母大写，F码也就是朋友邀请码（friend code）的意思。

小米为此还专门开发了后台系统，超级种子用户可以在这个系统里领F码，再到小米的电商平台上优先购买产品。可以说，要让用户的参与感落到实处，就一定要给用户特权。守住基本盘，其他的东西自然纷至沓来。

《创业家》杂志上有一则报道，说某智能硬件公司刚成立时，也模仿了小米初期的做法，满世界找论坛，筛选超级种子用户。因为他们的可穿戴设备比较新颖，一个月内，就拥有了几千个初始用户。然后，他们通过逐层筛选，筛选出1000个比较认可产品的种子用户，并建立二级群。接着，通过测试和样本筛选，他们又精选出100名超级种子用户，并建立一级群。这100个人就是铁粉，也就是超级种子用户。紧接着，该企业创始人开始组织这

100个铁粉线下聚会、线上讨论，参与产品的设计、研发、反馈等，并且开始引导这些人将产品传播出去，形成口碑辐射。

姑且不论这个创业项目的成败，它至少证明了，增强用户参与感是一种可行的营销策略。

在日本，有一个大型女子偶像组合名叫AKB48，成立于2005年12月，总制作人名叫秋元康。该组合分为Team A、Team K、Team B、Team 4与Team 8五个团队。整个AKB48有着二百多人的庞大的分支和派生组合。

初创时，AKB48只是活跃在东京秋叶原的地下偶像团体。AKB48的创新之处在于，它提出了"可以面对面的偶像"这一颠覆性概念，而且几乎每天都在专用剧场进行公演。

在专用剧场里，粉丝可以与偶像亲密互动，甚至可以参与到该女团的运营中。粉丝可以通过购买单曲CD，获得为自己喜爱的偶像投票的资格。

投票结果将与各成员未来一年的发展直接挂钩，因此，粉丝团之间就展开了如火如荼的应援竞赛。所以，AKB48几乎拿遍了日本所有唱片和娱乐奖项，连续多年包揽日本全年单曲销售总榜的前几位。

《参与感》的作者黎万强认为，AKB48总制作人秋元康是一位"非常伟大的产品经理"。因为当粉丝参与了偶像的养成与打造过程时，粉丝已经被锁定了。而这种粉丝一般会成为"铁粉"。

在劫难逃的沉没成本

沉没成本，是指以往发生的，但与当前决策无关的费用。沉没成本，也被称作协和效应。协和效应这个说法来源于英法两国联合开发一款名叫协和飞机的事件。

当年，英国、法国政府在知道协和飞机没有任何经济利益可言的前提下，仍不断地追加投资。这个项目后来被英国政府私下称为"商业灾难"。由于一些政治、法律上的原因，两国政府最终都没有脱身。

1. 一开始就要避免被锁定

随着网络直播的兴起,我们总能听到一些人为了给某个平台的主播打赏而一掷千金的事情。事实上,这背后也有营销手段在起作用。

倾家荡产买股票或彩票的事情不算稀奇,甚至有些人偷钱也要买股票或者彩票。这其实就是被沉没成本锁定了的原因。可以说,捞回赌本的诱惑往往会让人变得丧心病狂。

其实,无论是买股票还是买彩票,我们必须为克服"人性的弱点"准备一套风险控制措施,预设输赢的上限,不可贪图赢取更多的钱或讨回损失的钱而超越这个上限。

屡败屡战的精神固然可嘉,但吃亏的往往是自己。久赌必输。上瘾的赌徒常常幻想着自己必赢,最终却是一败涂地。

2. 天才少年也不例外

加拿大的天才少年维塔利克·布特林,是以太坊的创始人，也是一名资深游戏迷，他曾经沉迷于暴雪公司出品的网络游戏《魔兽世界》。术士是维塔利克·布特林最喜爱的魔兽角色，而"生命虹吸"是初始版本中术士的重要魔法技能。

但后来暴雪公司取消了术士的魔法技能"生命虹吸"，这个技能的突然消失对维塔利克·布特林造成了巨大的打击。维塔利克·布特林多次在论坛中发帖呼吁，甚至多次发邮件联系暴雪公司的工程师，要求恢复游戏中的"生命虹吸"技能。

但《魔兽世界》的创作团队态度很强硬，不同意恢复这一技能。维塔利克·布特林得到的回复是："出于游戏整体平衡的考量，这个技能不能恢复。"维塔利克·布特林一气之下卸载了《魔兽世界》，并最终创立了以太坊。

网络游戏是能让人上瘾的。维塔利克·布特林已经玩《魔兽世界》三年，退出《魔兽世界》对他来说简直跟小孩断奶一样难受。在一次采访中，维塔利克·布特林称退出《魔兽世界》那段时间，自己每天都是在哭泣中入睡的。他还用"悲痛欲绝"来形容自己当时的感受。其实，这种痛苦就和沉没成本有关。

3. 小赌并不怡情

如果你真的相信"小赌怡情",就好比相信大麻比香烟危害更小的谬误一样。

一位女士染上了赌博的坏习气,刚开始的时候只是小赌,赌注押得很小。但随着她输得越来越多,她就不断地把赌注加码,想把输的钱赢回来。最后,小赌发展为豪赌,负债累累,以致卖掉了自己的首饰及其他值钱物品。其实,造成这样的局面的一个重要原因在于,这位女士抱有侥幸、贪婪的心理。

如果你相信"小赌怡情",就请你也同时牢记行为经济学家丹尼尔·卡尼曼和阿莫斯·特沃斯基的箴言:"一个人如果不能平静地面对自己的损失,就会参与到他原本不可能接受的赌博。"

对企业而言,沉没成本谬误常引导决策者对错误的投资不断加码。他们认为,若不这么做,过去投入的成本就会白白浪费。投资决策中也存在着类似的非理性行为。

"JQK 工程"这个词语,经常出现在中国的媒体报道中。JQK 工程是指某些地方官僚，通过许诺优惠政策招商引资，大意是把投资者"勾进来，圈住，K 一顿"。

一些企业不明就里，不断追加投资，以致严重超出预算。与之相对的是"钓鱼工程"的无赖做法，往往以"低价工程为饵、沉没成本为钩、要挟手段为鱼线"，让地方政府不断追加投资。

第 *4* 章

择熟原理

—— 从熟悉到习惯，从习惯到依赖

尊重过去，迷恋未来。

—— 百达翡丽广告语

广告，应该是品牌形象的展示，而且每一次广告，都应该是上一次广告的叠加。

—— 大卫·奥格威

我们普遍认为，熟悉的人或事不大可能会伤害我们，而不熟悉的人或事很可能会给我们造成不可估量的伤害。因此，我们习惯选择让自己感到安全的人或者事。

我们偏爱选择熟悉的事物，也是因为大脑可以由此进入一种"省力模式"，进而腾出更多精力关注其他新奇的事物。

"瘾"是超常的习惯

我们对某些人或事有了熟悉的感觉后，进一步就会形成习惯。习惯是人类行为的"自动驾驶系统"，比如，当我们能够真正学会骑自行车的时候，我们可以一边骑自行车，一边和同行的朋友聊天。习惯形成后，大脑又会进入依赖模式。

习惯，是大脑借以开始复杂举动的途径之一。所谓成瘾行为，就是一种额外的、超乎寻常的习惯。我们选择熟悉的事物，大脑才能将多余的注意力分配到其他事情上去。所以说，选择熟悉，关注新奇，这是大脑的运作模式，姑且称为择熟原理。

1. 成瘾是习惯的强化

为什么许多应用程序会鼓励"签到"？为什么微信、支付宝会倒贴钱鼓励用户使用它们的支付软件？其实，让用户对其产品形成使用习惯，是许多企业营销的核心目标。

诸如《乡村爱情故事》《权力的游戏》之类的电视剧，当人们对其中某个角色熟悉之后，便不希望电视剧完结，希望可以一直看到围绕这个角色发生的事情。尽管后面的剧情有些"烂",观众也会一直追这部剧。

如今的电影也逐渐有了"电视剧化"的倾向,一些电影不断推出续集,比如《超人》,只要推出新的续集,就会有粉丝前往影院观看。其实,这种影视作品,只要前几部精彩,后面的剧情就算不太好看观众也会一直跟下去。因为观众已经熟悉了剧中的人物,观看已经变成一种习惯了。习惯一旦形成,进而就会演变成依赖。当用户有了依赖感,平台就有了定价权。

2. 味蕾认同是一种习惯的塑造

我们选择食物的时候,多半会选择自己熟悉的。所以,"妈妈的味道""故乡的味道"是我们的最爱。不是因为妈妈的厨艺有多棒,或者故乡的饭菜有多好吃,只是因为这是一种被人工后天培养成的味蕾认同,或者说习惯。这种味道承载着幼年的记忆。

一些奶粉生产商会贿赂妇产科的护士，希望她们在喂新生儿第一口奶的时候能够用自己公司的奶粉。因为不同品牌的奶粉配方是不同的，味道也有细微的差别。

很多初生的婴儿就"认"第一口奶，且能记住这细微的差别。如果后期更换奶粉，婴儿就会拒绝食用，甚至会出现腹泻等症状。

人的味蕾记忆是感性的，其强大性远远超出人们的想象。

可比可是一个菲律宾糖果品牌，你可以在菲律宾的任何一个城镇的小商店里找到这个品牌。可比可想要推出一款喝起来像糖果味道的咖啡，于是生产厂家先为儿科医生和妇产科医生提供可比可咖啡，让他们分发给产房的孕妇们。

孕妇和婴儿喝了这款可比可咖啡后，都非常喜欢，有些甚至有点上瘾。有妈妈反馈说，当她们给哭闹不止的婴儿喝一小口可比可咖啡时，婴儿就像被施了魔法一样，立刻安静了下来。

通过习惯养成策略，可比可生产厂家不仅使消费者认识了自己的品牌，还培养了消费者对自己品牌的依赖性。

3. 从 0 岁开始进行习惯塑造

对胎教有研究的人都知道，婴儿在胚胎期就会形成对某种音乐、气味的偏好。研究发现，一些强烈的气味，如，大蒜味会通过母体的羊水传输给胎儿，使胎儿在母亲的肚子里就能"尝到"这种气味。这是因为一切的气味都是以羊水为中介传输到胎儿的鼻腔和口腔的。而羊水中又富含孕妇饮食中所包含的气味。母亲通过怀孕期的饮食和之后的哺乳向她们的孩子传递信息，告诉孩子们什么是好吃的和安全的食物。

一项实验发现，孕期喝过胡萝卜汁的妈妈的孩子会更喜欢胡萝卜口味的麦片。如果一个孕妇在孕期的最后三个月吃了很多有咖喱味或榴梿味的食物，那么她的孩子就会比其他孩子更喜欢有咖喱味或榴梿味的食物。

经典口味，经典记忆

证券投资商巴菲特有一个选股绝招，就是看这家上市公司的产品涨价后，购买量会不会减少。如果没有减少，那说明消费者对这种产品是有依赖性的。

巴菲特为什么会购买可口可乐、喜诗糖果的股票？一个重要的原因就是，它们都属于塑造了美国人味觉习惯的产品。

1. 消费者购买行为受多种因素驱动

当郭思达担任可口可乐 CEO 的时候，可口可乐已经坠入历史的低谷。当时，百事可乐几乎要将可口可乐从最受美国人喜爱的可乐品牌宝座上推下去。那么，郭思达又是如何力挽狂澜的呢？

30 年前，百事可乐通过一个测试在电视上向可口可乐发难。这是一个谁都可以报名参加的口味测试：桌上有两杯可乐，其中一杯盛的是可口可乐，另一杯是百事可乐，参与者蒙上眼睛，分别喝这两杯可乐，然后通过口感来分辨哪杯是可口可乐，哪杯是百事可乐。

长期的测试结果显示，参与者在盲测的情况下，大多数都选择了味道更甜的百事可乐。面对百事可乐的发难，其实可口可乐公司也派出自己的人参加了盲测。最后很多人都认定，百事可乐的味道确实更好点，因为百事可乐更甜——人们对于甜的诱惑总是无法抗拒。

一开始，可口可乐 CEO 郭思达也没太在意百事可乐的这次挑衅。可是，自从这个电视测试广告播出后，百事可乐的市场份额开始扶摇直上，几个月后，其销量和可口可乐的销量几乎持平。

郭思达再也坐不住了，认为可口可乐必须采取激进的措施"收复失地"。于是，郭思达开始酝酿，决定推出一款新口味的可口可乐。这是面对百事可乐的竞争，可口可乐所做的一种本能反应。

郭思达原本是古巴可口可乐公司的食品化学工程师，

因为古巴进行社会主义改造，设在那里的可口可乐工厂被收归国有。郭思达见形势对自己不利，随即去了美国。

当年的古巴人不知道，郭思达是当时掌握一半可口可乐 7X 调料配方的两个人之一。这半张配方是郭思达的导师——一位食品化学博士传给他的。

所以说，郭思达这个人比可口可乐的工厂值钱多了。以至于多年之后，郭思达忍不住吐槽："就算你们把全世界的可口可乐工厂烧掉，只要可口可乐品牌授权合同和可口可乐的集体知识还在，我就能迅速东山再起！"这里所说的集体知识，就是由两个人各拿一半的可口可乐 7X 调料配方。

由于掌握着神秘配方，郭思达有机会进入可口可乐的核心管理层。当时可口可乐的大老板是罗伯特·伍德拉夫，此人是可口可乐历史上最有管理能力的董事长。正是由于他的提携，郭思达才成了可口可乐公司的 CEO。

郭思达的老本行是研究食品的口感、营养等的工作，所以他完全有信心开发出一种能征服大众味蕾的新型可口可乐。在郭思达的领导下，可口可乐开始秘密地研制新配方。

1985年，新口味的可口可乐诞生了，经过大量测试后发现，与传统的可口可乐和百事可乐相比，消费者更喜欢这一款新产品。但是新口味的可口可乐能经受住市场的考验吗？

2. 强烈的抗议声

市场上的反应超出了可口可乐公司的预料，先是新闻发布会上，记者们的质疑与责难，接下来一周的时间里，每天1000多个电话占据了公司的800条电话线，几乎人人都在愤怒地指责可口可乐不应该改变原来的口味。

但是郭思达和公司的智囊团都坚信，抗议的声音过一段时间就会消失。如此坚信，一方面是因为有严格的市场调查做依托，另一方面是因为这种推断合乎常理。按照理性的分析，只要产品比以前好，消费者慢慢就会买账，用不了多久，消费者就会爱上新口味的可口可乐。

毕竟，生产什么口味的产品，改不改变口味，都是商家自己的事，别人无权置喙。然而，从消费者对一种食物所持有的感情这方面来说，他们指责郭思达改变了可口可乐原来的味道也是可以理解的。

金庸曾决定把《鹿鼎记》中的主人公韦小宝的结局改得惨一点，但大多数读者在感情上都无法接受，反对意见几乎都是批评金庸"改变了共同回忆"。

经典口味的可口可乐已经上市 99 年了，是公众的集体记忆。如我们所知，郭思达并没有获得他期待的结果，抗议的声浪越来越高。

在接下来的两个多月的时间里，每天至少有 5000 个投诉电话打进公司。人们甚至将郭思达对可口可乐口味的改变提升到对美国文化和民众背叛的高度上来！

在接下来的一段时间，可口可乐公司又收到几十万的抗议信件和电话。新口味的可口可乐并没有获得越来越多民众的认同，越来越多的人反而开始怀念老口味的可口可乐。

一位消费者在抗议信中写道："我不吸烟、不喝酒，唯一的爱好就是喝点可口可乐,现在,你们竟然把这点乐趣也给我剥夺了!"另一位消费者也在信中写道:"郭思达是谁,从哪里冒出来的,听名字就知道不是地道的美国人……老可口可乐,无可替代!"

这一切其实并没有真正触动郭思达,真正触动郭思达的是:一次,郭思达去一个国家开会,吃饭的时候,高档餐厅的服务员让郭思达点菜。点菜后,服务员承诺给他带来"一样特别的东西",听上去像是佳酿葡萄酒。没多久,服务员拿来了一瓶老口味的可口可乐。就在那一刻,郭思达意识到人们对老口味的可口可乐的喜爱程度之深。

通过这件事,郭思达终于相信,消费者并不是绝对理性的"经济人",在"更好"和"更老"之间,他们偏爱的是后者。

于是,郭思达顺水推舟,宣称自己已经听到了消费者的呼吁,重新投入生产老配方的可口可乐,并重新命名为"经典可乐"。

3. 衣不如新，味不如旧

美国《商业周刊》把郭思达的这次失败评为"近十年最大的营销错误"。《纽约时报》甚至把这次失败称为美国商界一百年来最重大的失误之一。

很多商学院经常会拿这个案例当反面教材，告诫食品生产企业不能轻易对产品配方做出改变。一位食品行业资深顾问这样回忆道："这就像是一场地震，我们现在还能感受到余震。"

但现在来看，郭思达的这次冒险之举，可谓歪打正着。在可口可乐公司成立 99 周年之际，郭思达选择改良配方，生产了新口味的可口可乐。99 周年可谓多事之秋，要么加冕，要么重生。郭思达非常认真地走了一步险棋。

郭思达当然知道可口可乐有很大一部分忠实粉丝，但无法度量他们究竟对可口可乐有多迷恋。而这次尝试，也算是真正验证了粉丝们对可口可乐的喜爱程度。

可口可乐的一位高管总结："我们完全低估了公众与我们品牌之间情感上的联系，这个品牌是美国通俗文化的一部分，而我们突然之间把它拿走了。"

据说一个电视台的记者每天下午3点，都会准时喝一瓶可口可乐，这是多年养成的生活习惯。有时甚至会有意不吃早餐和午餐，以便空出肚子多喝点可口可乐。

他一听说可口可乐要改变口味，马上跑到最近的超市，一口气买了110瓶老口味的可口可乐。另一位消费者则抱怨说："你们带走了我的童年。"

一个名为"美国旧可乐饮用者"的团体向可口可乐公司提起诉讼，并将一箱箱新口味的可口可乐倒入下水道。消费者开始囤积老口味的可口可乐，因为在商店里已经难以买到了。

当郭思达顺水推舟，让老口味的可口可乐回归之后，可口可乐销量猛增，远超以前的销售水平，顾客忠诚度也由此得到加强。

老口味可口可乐的复出给人们带来了失而复得的欣喜。消息发布当天，可口可乐公司收到了18000多个感谢电话，感谢信读起来宛若情书。一位消费者说："我觉得就像迷路的朋友回家了一样。"第二年，也就是可口可乐公司成立 100 周年之际，可口可乐的市场份额一举超越百事可乐。

在郭思达担任可口可乐公司 CEO 的 16 年间，可口可乐公司的市值从 43 亿美元上升到 1450 亿美元。一大批可口可乐的投资者成了千万富翁，甚至是亿万富翁。

因此，郭思达也被称为可口可乐公司历史上最伟大的 CEO。正是可口可乐公司的这次决策失误，奠定了可口可乐无可替代的地位。郭思达不经意间向全世界证明了，可口可乐是美国文化（生活习惯）的一部分。

管理好品牌的"存在感"

消费者会赋予熟悉的品牌更多的选择权重，因为不必再费力做背景调查，潜意识会走捷径，认为一个品牌能长久存在一定有它的道理。因此，如何管理好自己品牌的"存在感"是经营者的一门必修课。

1. "混个脸熟效应"

我们仅与某个人见过几次面,但也能与其建立某种比较好的关系。比方说,一开始我们对某人无好感也无恶感,但时间长了,由于这个人不会伤害或侵犯我们,我们可能就会对这个人产生好感。

这正应了一句老话:一回生,二回熟,三回、四回是朋友。这在心理学上有一个叫法——mere exposure effect。这个概念的译法有很多,有人翻译为"单纯接触效应",也有人翻译为"曝光效应"。

心理学家认为,曝光效应的产生是因为一个刺激的重复曝光并没有产生不好的影响,于是,这样的刺激最终就会成为一个安全信号。通俗地讲,曝光效应也可称为"多见效应"或"混个脸熟效应",这个心理效应的关键在于一个"混"字——量比质更重要。

有位日本营销专家认为,维护客户关系大有学问,见面时间长不如见面次数多,每月10分钟的简单拜访要胜过每年打一次高尔夫球。可以说,简单的露脸,持续的曝光,就能获得人气,这就是"混个脸熟效应"。

我们是否有过这样的经历,起初对某部电视连续剧的主题歌或片尾曲很不喜欢,但听了几次之后,觉得这首歌还是挺有旋律的,挺好听的。再听几次后,我们发现自己已经喜欢上了这首歌。

罗伯特·查荣克是斯坦福大学的社会心理学博士。罗伯特·查荣克通过实验证明,人们越多地看到一个"刺激因素",就会越喜欢它。罗伯特·查荣克在1968年进行了一次实验,他准备了12张某大学毕业生的照片,然后随便抽出几个人的照片,并让参加测试的学生看这些照片。

开始实验时,罗伯特·查荣克对这些参加测试的学生说:"这是一个关于视觉记忆的实验,目的是测定你们对自己所看的照片,能够记忆到何种程度。"

其实,实验的真正目的在于了解观看照片的次数与好感度的关系。观看照片的次数分别为0次、1次、2次、5次、10次、25次等6个条件,按条件分别观看两张照片。随机抽样,总计86次。

实验结果表明,受试者对照片上人物的好感度与照片观看次数成正比。也就是说，当观看照片的次数增加时，不管照片的内容如何，人们的好感度都会明显增加。这也清楚地证明了曝光效应的客观存在。

罗伯特·查荣克后来又做了一个类似的实验：虚构了3个单词，分别是 abcdice、ganghood、bokebang。其实，这3个单词并不存在。然后，他开始重复说这3个单词，让受试者猜测这3个单词在突厥语中表示的是好事还是坏事。

实验结果是，3个单词中被重复次数越多的单词，受试者就越认为这个单词代表积极、正面的事物。其实，这3个单词都是凭空捏造的，无论是在突厥语还是英语中，都只是一些毫无意义的音节。

后来，罗伯特·查荣克又向这些对汉语一窍不通的受试者展示了一些汉字，结果发现，他们对这些汉字所代表的含义的好与坏的看法，也完全取决于他们看到这些汉字的次数多少。

人们喜欢赋予熟悉的事物——人、口味、话题等，更多的好感。因为熟悉的事物能使人产生安全感、可控感。

这个发现应用甚广，可用于政治选举、广告营销、音乐推广等各个领域。

2."混个脸熟"很重要

"混个脸熟效应"，可能会使我们联想到"潜意识广告"。所谓潜意识广告，就是利用消费者的潜意识知觉进行广告刺激，推广产品的一种手段。比如，食品广告商在播放电影胶片时会插入食品图片，1秒50帧的视频，广告商会在中间插入1帧的食品画面。

因为速度太快，有时候人们根本看不清画面，但潜意识中会有对这种食品大致的概念。这其实也算是成功地将商品信息传入了人们的大脑中。

潜意识广告只是一种噱头，并不能影响顾客的购买欲。但是，"混个脸熟效应"却不同，它是客观存在的。很多营销策划人会将新产品畅销的功劳据为己有，说新产品卖得好，是因为自己的广告创意好。

然而，有个企业家不相信这些，于是亲自设计了一条非常普通的广告，该广告在电视上投放了一段时间后，居然获得了不错的营销效果。这个企业家就是史玉柱，"收礼只收脑白金""脑白金送礼档次高"的广告语就是他亲自设计的。

史玉柱还说过一句话，大意如此：所谓品牌塑造，无非就是重复，不断地重复。这其实就是"混个脸熟效应"在营销中的一个旁证。

"在你发了7次广告之后，人们才开始看它。"你听说过这句话吗？它很可能改编自一句在营销中经常使用的类似表达："要完成一项交易，平均需要打7个电话。"

"重复"是广告营销中的一个关键点。营销者通过广告重复地播放商品的信息，可以让那些不关注该商品的人看到它，而且每重复一次，被看到的概率就会增大一点。

广告每重复一遍，广告的受众就会自然而然地对商品和公司更加熟悉。除非他们有特别的理由，否则他们的心里就会慢慢接受这件商品。

随着人们对这件商品的接受感增强，一种密切的关系就会逐渐建立并发展起来。消费者和商品之间必须是基于某种"舒适感"才建立关系的。因为有了舒适感,消费者就会产生更强烈的信任感,从而也就愿意购买这件商品了。

所有广告都是为了在消费者的态度和知觉中创造出边际差异。通过不断重复广告,这些小小的差异能够积累形成巨大的差异,足以使天平朝着有利于广告中宣传的品牌的那一方倾斜。

但是,"重复"会不会带来不利后果呢?有可能。研究显示,重复的广告营销手段仅在最佳范围内有效,超出这个范围,就会导致消费者的厌弃。

相信时间的力量

"今年过节不收礼,收礼只收脑白金。"诸如此类的乏味广告,遭人厌烦也是情理之中的,但其产品的销售状况一直不错。这其中主要是因为它充分运用"重复"的巨大魔力，使消费者由皱眉到默认，到记住，到不反感。

有位朋友曾说："尽管部分广告格调不高，却也基本无害，能让消费者记住也是一种本事。"我对某广告的夸大性宣传也是心知肚明，但是亲戚生病了，送礼的时候还是会不自觉就想起它。

曾有网友，戏仿《江城子·乙卯正月二十日夜记梦》：

十年生死两茫茫，恒源祥，羊羊羊。千里孤坟，洗衣粉用奇强。纵使相逢不相识，补维C，施尔康。夜来幽梦忽还乡，学技术，找蓝翔。相顾无言，洗洗更健康。料得年年断肠处，西北望，阿迪王。

在企业草创时期，营销者能让消费者记住企业的产品才是硬道理，而"重复"就是力量。消费者记住了该产品，也就能产生购买的冲动，那么销售额就会提高。然而，庸俗的广告是把"双刃剑"，虽然短期内有利于销售，但从长远来看，只会建立消极的品牌形象。

生物免疫系统会排斥异物的入侵，人们心理上也会本能地对陌生的东西产生戒备。接受熟悉的，怀疑陌生的，这是人类面对不确定性时的一种本能反应。

人们不大可能一开始就喜欢陌生的事物。人们喜欢与熟悉的人谈论熟悉的事情，这是人的本性。因为人们对于新生事物总是抱着戒备和敌视心态，所以聪明的企业家都明白量变到质变的道理。

"混个脸熟效应"与创新精神是一对矛盾体。人类的怀旧心理会形成一股扼杀原创性的力量，因此建立品牌之初，"混个脸熟"至关重要。

消费者记忆的形成，需要经历一个相当长的时期——从陌生到熟悉，从熟悉到认可。不幸的是，一些企业家认为自己的产品、品牌熬不过这段过渡期。他们对自己产生了怀疑，信念动摇了，或者"子弹"打光了。这是相当令人惋惜的事情。

艺术家们最明白"混个脸熟"的重要性——曝光率是赢得认可的一个重要指标，宣传活动是创作活动的延伸。

一位资深经纪人曾告诉我，所谓明星，关键在于"混个脸熟"。大腕明星不会轻易接戏，但会时不时地给自己制造点绯闻，或免费客串个角色。这其实是保持人气的一种手段。

有些明星，你记不住他有什么代表作，但依然称其为明星。香港演员"大傻"——成奎安，一生演过二百多部电影的配角。虽然演的都是恶形恶相的人，但很多观众因为对他太熟悉而喜欢他。

由于成奎安不挑戏，曝光率够高，人气不亚于一线明星。在他的演艺高峰时期，他买的豪车可以组成一个车队。

对于那些经纪公司不肯花大钱推广的小明星来说，坚持多露脸，是成功的重要途径之一。因为超高的曝光率会产生"混个脸熟效应"，不断为其积累人气，直至量变引起质变。

人们对商品广告的态度也是如此。某则电视广告很粗陋，人们一开始很鄙视，但经过一段时间后，人们会慢慢接受并认可它。当然，我们也应该记住，过犹不及，尽管宣传是营销工作的一部分，但"恶炒"就不好了。

用专注力打造品牌形象

人有一种本能，会自动抵制外界的冗余信息。广告，就是要穿透人类本能的信息"保护壳"，直抵消费者的灵魂深处。所以，营销者不能太贪，一则广告只能传达一个信息。

就一则广告来说，我们想以此传达的信息量越多，收到的效果反而越差。这就类似于物理学上的"压强原理"，针尖越细，越能刺破阻碍。

大卫·奥格威说："广告，应该是品牌形象的展示，而且每一次广告，都应该是上一次广告的叠加。"广告不能轻易更改，一旦改变，以前的形象宣传积累就没有任何用处了。广告的成功之处就在于专注，锲而不舍，金石可镂。

在相当长的一段时间内，加多宝公司的广告有一个内部审查标准，即是否和"怕上火"这个口号有冲突。

"在过去18年间，加多宝只专注于做凉茶。在功能饮料方面，我们只有一个产品，只有一个品牌，就是正宗红罐凉茶，而且我们只向消费者传递一个信息——正宗的防上火功能饮料。"加多宝公司的相关负责人这样说道。

从2003年在中央电视台投放凉茶广告到现在，加多宝在广告创意上没有太大变化，永远是红罐凉茶"怕上火"的经典口号。加多宝公司甚至要求将每一个广告片都交由与加多宝合作了多年的一位香港导演拍摄，这样做只为一以贯之地体现出其凉茶的品牌形象。

可口可乐也非常注重广告的标准化呈现。在罗伯特·伍德拉夫掌舵可口可乐期间，达西广告公司几乎成了可口可乐公司的一个拓展部门，为防止在管理上出现难以梳理的问题，一份备忘录在达西员工之间传阅开来。该备忘录详细列出了多达35条的可口可乐广告戒律。比如：

禁止将"Coca-Cola"商标分写成两行。

"注册商标"四个字必须标在第一个大写字母"C"的尾部，即使不易辨认。

圆形商标上应该标注：可口！清爽！

油画或彩色广告中如果出现一个女孩子，那么这个女孩一般应为黑发深肤，而不是金发白肤。

青春少女或年轻妇人应该是健康的类型,不带世故的神情。

禁止把可口可乐拟人化。

……

这些戒律也许过于刻板,但在很长一段时间里,它们的确保证了可口可乐的品牌形象的统一化。

第 5 章

心智猎奇

——多屏时代的注意力炼金术

推销灭火器的时候,先从放一把火开始。

—— 大卫·奥格威

最有魅力的乐趣也最短暂,难道我们生活全部仅仅是一次狩猎。

—— 怀特·梅尔维尔

广告，简单来说就是广而告之。考古学家在庞贝古城遗址内发现了商业性质和政治竞选性质的广告。从古至今，广告的第一要务是攫取注意力，扣动触发注意力的扳机。

见猎心喜，为追而追

我们在游戏里跑来跑去，大杀四方，在背景音乐和血腥画面的刺激下，获得一种"超燃"的感觉。这种快感可能源自人类基因中的古老记忆。远古时期，我们的祖先是靠搜寻、奔袭、围捕来获取食物的,在一些尚未开化的原始部落,依然能够见到这种捕猎法。

比如,非洲有些部落的人是这样捕捉羚羊的:他们先把高大的公羚羊引开,让它脱离大部队。接着,一名狩猎者开始不紧不慢地追击这只落单的公羚羊。

公羚羊有两个致命弱点:第一个弱点是公羚羊头部长有笨重的羚羊角,无法像母羚羊一样迅捷地奔跑;第二个弱点是公羚羊全身覆盖着厚厚的毛,这使得它的皮肤散热很慢,所以无法长距离快速奔跑,否则会热晕。

因此,当公羚羊停下来喘气时,狩猎者就可以借机靠近。但狩猎者并不急于抓捕,而是刺激它继续奔跑。就这样,公羚羊在与狩猎者的赛跑过程中,最终因自身的弱点而耗尽力气,瘫倒在地上。而狩猎者就可以凭借智慧和耐力,将公羚羊捉到手。

在人类漫长的进化史中,"耐力型狩猎"是一种重要的生存策略。经过漫长的演化,一种行为模式已经融入我们的基因中,那就是"为追逐而追逐"。这种行为模式有助于解释现代人"为购买而购买"的索求无度的心理。

信息时代，我们依然受这种"为追逐而追逐"的本能的驱使。我们在社交媒体上漫无目的地刷屏，也与这种本能有关。原始部落的狩猎者追逐羚羊时，内心的执念催促他不断向前；现代人对资源、资讯的追逐执念也与之相似。

我们熬夜追剧，固然有圆满效应、文艺作品的代入感在作祟，但基因中那种"为追逐而追逐"的执念也在起作用。最新的脑成像技术表明，如果消费者能以比较实惠的价格购买到一件垂涎已久的时尚单品时，他们在精神上就会有一种陶醉感。这种陶醉感和中彩票时的感觉一样。

当我们探讨某个消费者的淘货经历时，陶醉感也可以用来形容他当时的感觉。淘宝，作为一个网上交易平台，其名字本身是非常洞察人性的。

一项研究表明，当消费者搜寻到一件心仪的特价商品时，其大脑的额叶区域会出现一阵高频率的 B 波。此时消费者的心率会突然加快，可以从每分钟 70 下迅速提升至每分钟 120 下，其皮肤电导率也会提高，这表明他当时的交感神经变得更加兴奋了。

这种"兴奋"蕴含在人类的血液中，会伴随着捕猎或战斗而出现。我们身上那种"望山跑死马"的劲头，也很可能与原始狩猎者长途奔袭的心理和行为的遗传有关。

这是个一眼定生死的时代

正如我们的祖先在蛮荒时代需要快速搜寻猎物，锁定目标一样，现代的消费者从琳琅满目的货架上挑选商品到购买商品，其速度也是非常快的。有时候只需要两秒钟，消费者就知道自己是否需要购买这件商品。

这是一个只有"两秒钟"的世界，一秒钟让别人看到你，另一秒钟让别人喜欢你。相较于让人喜欢你，让人注意到你是更为残酷的竞争。所以，你必须倾尽洪荒之力，才能让别人注意到你。售卖商品，道理亦是如此。

行为学家通过一系列实验证明，极短曝光时间带来的视觉吸引力评分高于较长曝光时间带来的视觉吸引力评分。换句话说就是，瞬间定生死。

人类已经进入了一个被屏幕主宰的世界，电影院是巨屏、电视机是大屏、PC是中屏、手机是小屏、智能手表是微屏……我们正淹没在屏幕提供的信息洪流里。

在移动互联网上，每一秒都有成千上万种声音向我们传来。销售的战场已经转移到屏幕上，方寸之间。多屏时代，我们对"第一印象"的依赖没有减弱，反而加强了。我们往往在看清楚事物之前，就知道自己喜欢什么。

在一个"秒懂""秒杀"大行其道的时代，营销者之间对消费者瞬间意识的争夺，才是真正的终极对决。营销者只有两秒钟的时间去打动客户，所以要做到先声夺人，夺目攻心！

在大宗商品里，价值最容易被低估的就是一种名叫"注意力"的商品。注意力也是一种商品，将注意力转化为购买动机才是营销者追求的真理。营销就其本质而言，是一种注意力炼金术。注意力是商家炼金的重要原料。

尽管注意力这种资源价值堪比黄金，却没有人可以彻底垄断。自媒体、商家各逞其能，使出各种新的手段，利用人们本能的冲动、直觉、非理性来攫取注意力，扣动触发注意力的扳机。

人们在淘宝上开店虽然不会花费太多的钱，但必须在淘宝上购买注意力，才能有客流量。商家购买淘宝的"首焦"之类的广告位置，就能实现导流。

各大网络平台能够通过分流、限流手段量化分配，进而控制消费者的注意力。

我们可以回忆一下，每一天我们的注意力都投向了哪里？大部分人的注意力都被屏幕吸走了，更具体地说，是被智能手机吸走了。某大学前几年进行的一项研究表明，人们每天平均要看34次手机，而业内人士给出的数据则更高，将近150次。

另一项调查显示，约80%的人会在醒来后的15分钟内翻看手机。更离谱的是，大约33%的美国人声称，他们宁肯放弃性生活，也不愿丢下自己的手机。屏幕正在改变人们的生活和行为方式，所以只有那些找到新的对应的营销方法的商家，才能在这个时代存活。

图片更能吸引注意力

最有影响力的戒烟广告，不是文字说明，而是肺癌患者病灶的解剖图。一组具有视觉冲击力的对比图，胜过千言万语。图片比文字能更快地激活人的本能。最常见的例子是减肥和整容的广告，通过减肥、整容的前后照片对比，可达到惊人的说服效果。

Tinder是一款陌生人约会软件，它的运行机制很简单：用户先通过手机号登录，然后软件基于用户的地理位置向其推荐约会人选。

当一个新的约会者被推荐时，其照片和简短的个人描述便会占满对方手机的整个屏幕。

Tinder的成功之处在于其简单的操作方式：当一个约会对象出现后，用户可以在屏幕上向左划，表示不感兴趣，或者向右划，表示感兴趣。如果屏幕前的双方都向右划，那么就可以配对成功，双方就可以进入聊天模式。

Tinder鼓励人们用很短的时间通过颜值、品味、财力等因素快速地对他人做出评价。而传统的相亲交友速配活动可能会花掉参与者5分钟，甚至更长的时间互相了解。

正是因为Tinder的这种快速、方便的社交功能，它才能在各种社交软件的夹缝中存活。除此之外，它也是一个迎合了我们的第一印象而设计的App。既然我们能在极短的时间内对对方做出判断，又何必花更多的时间去了解对方的爱好、星座和学历呢。快速刷屏就是了。

消费者善于通过视觉做决策，所以，营销者需要提供更多的商品图片，比如，在展示全景图时，营销者可以考虑使用效果对比图。营销者可以呈现出客户在使用产品前后的不同生活状态，也可以在图片中呈现受众的"痛点"，同时可以描绘出"痛点"被解除后的场景。

我们应该知道，在这个信息超载的时代，没有人愿意花费精力去读完巨细靡遗的介绍。信息的超载，必然导致注意力涣散。所以，我们应当尽量精简文字内容。

当乔布斯还是个孩子的时候，他能在电话黄页中找到惠普老板的电话，并直接打过去，对方接到电话后还愿意跟这个素未谋面的年轻人聊上几句，但这种注意力过剩的时代永远不会再出现了。

人类对图片、图像的记忆力，远比语言和文字深刻得多。比如，在车站你遇到了一个久违的熟人，你可能记不起他的名字了，但他的面孔你一定记得。研究也证明，营销者在广告中使用图片作为"开场白"，通常可以获得更为强烈的宣传效果。

屏幕上的视觉热点区域

人的视觉是带有"偏见"的。在同一块手机或电脑屏幕上，既有热点区域，也有冰点区域，我们常常会被热点区域吸引而忽略冰点区域。

同样的道理，任何一家商店里，店主总会在消费者视线最集中的区域放置最能带来利润的商品。比如，在与小孩的视线平齐的位置摆放玩具。这样小孩走到商店里，一眼就能看到自己喜爱的玩具，拿着就不放手，这时父母就可能会购买这个玩具。这就是充分利用了视觉热点效应营销方法。

利用人类的视觉偏见，营销者可以合理安排信息呈现的方式。屏幕的中间或左上角位置，常常被称为视觉热点区域，是名副其实的"黄金位置"。在这个位置呈现的信息或商品，总是能更快地吸引受众的注意力。

而视觉冰点区域通常位于屏幕的边缘区域，没有哪个卖家希望把高利润的商品放在视觉冰点区域。那样的话，商品被选中的可能性就会很低。

下面阐述一个著名的实验：研究人员邀请了41位加州理工学院的学生，让他们通过看电脑的购物网页上不同的零食图片，来选择和决定自己对各种零食的喜爱程度。然后这些学生又被要求在线下做一次实际选择。线下，研究人员会向学生出示一些和电脑屏幕上的零食图片一样的照片，并要求他们在实验的最后选出最想吃的零食。当这些学生在屏幕上寻找他们最喜欢的零食时，研究人员则在观察他们的眼球，监测他们的目光焦点。

很快，研究人员总结出了一个视觉模式，那就是人们的眼球第一次聚焦之处或者说长时间关注的选项通常是在屏幕的特定区域内，即视觉热点区域。那么视觉热点区域在哪里呢？其实这往往取决于屏幕上选项的数量。

如果屏幕上只有4种零食，且呈四宫格排列，学生们的眼睛很可能会先看向左上角，而且目光在此停留的时间也更长。人的这种视觉模式，被称为"左上角偏见"。在下图的四宫格中，左上角为第一注视点（图5.1）。

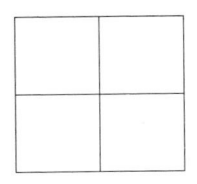

图 5.1 四宫格

当然这也不绝对，因为它会在习惯从右向左阅读的人身上发生改变。这说明，所谓"左上角偏见"也可能是一种受风俗文化和成长环境影响所形成的下意识的行为。

然而，当商品呈九宫格排列时，学生们同时面对9个选项，他们的目光99%会落到中心区域。在下图的九宫格中，正中间是第一注视点（图5.2）。

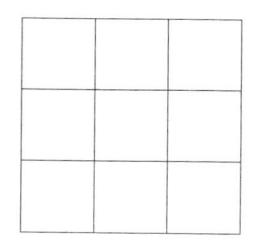

图 5.2　九宫格

如果有16个选项呈十六宫格排列，学生们的第一注视点97%会落在中间四格内。无论是九宫格还是十六宫格形式的呈现，人们总是会先看中间区域，这种视觉模式被称为"中区偏见"。在下图的十六宫格中，中间四格是第一注视点（图5.3）。

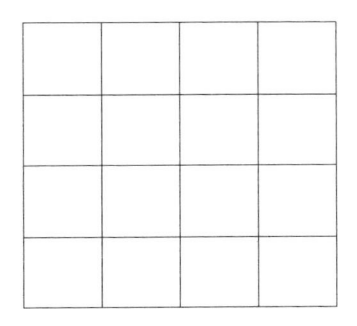

图 5.3　十六宫格

这些第一注视点都会对人们的目光产生影响，人们最初关注的位置会在人们扫视一圈之后仍然最受欢迎。这也就是说，人的行为不仅会被引导，还会被进一步强化。

目光聚焦的位置对于人们的选择有着深远的影响，由此就产生了"展示诱导决策"的偏差。由于研究人员保留了学生们对零食偏好的记录，知道他们真正想吃的零食是什么，因此就可以得出屏幕位置是如何影响学生们的最终选择的了。

可被操控的屏幕选择

假如一个网店非常希望增加某个商品的销量,只需把这个商品放在屏幕上更容易获取第一注视点的位置即可,比如屏幕的中心。

紧接上一节的实验,当研究人员把最不受欢迎的零食放到屏幕中间位置上时,学生只有 30% 的可能会搜寻到自己最爱的零食。

然而,如果把大多数学生偏爱的零食放到屏幕中间位置时,学生有 90% 的可能会选择这种零食。

这表明,就算商品确实是顾客喜欢的,"酒香也怕巷子深",大部分人不愿花费精力去寻找。这就要求营销者最好把商品放在容易找到的位置。当商品恰好是顾客想要的,而且被摆放在易被发现的位置时,就能极大提升其销量。

实验还没完,接下来研究人员再一次邀请学生在不同的零食中做出选择。在完成了前面的零食偏好的小测试之后，研究人员要求学生们把不同的零食按照从1—15的顺序排序，并采取两种方式对这些零食进行视觉呈现：第一种方式是，选择性地调亮某一零食包装图片显示的亮度或者调暗其他的零食包装图片的亮度；第二种方式是，改变图片的显示时长，使显示时长在70—500秒的区间波动。

结果显示，零食包装图片的亮度和显示时长会影响学生的选择，而且，当学生本身对别的某种零食没有极其强烈的偏好时，这种影响更甚。

也就是说，如果你本来只是比较喜欢吃可比克的薯片，但是因为包装或者图片亮度不够吸引你的话，你可能会选择乐事的薯片。

这一研究最惊人的发现可能是，视觉显著性的变化通常会让人们做出违背自己偏好的选择。如果让学生在选择食物的同时完成简单的计算题，目的在于模拟现实生活中边工作、边选购的场景，这种视觉显著性变化对人的选择的影响会更加明显。

这就意味着，如果我们一边在淘宝上购物，一边与人闲聊或者回复手机上的短信，就更容易被视觉偏见牵着鼻子走。这个调查结果是令人震撼的。

我们自以为有选择自由，以为自己挑选的零食是自己最想吃的。但我们可能不知道，有时候我们的选择不过是一种可被操控的选择。

传统零售业很早就知道通过陈列、灯光等手段来实现视觉偏见，引导消费者的选择，比如，超市会根据品牌商交费的多少，决定其商品摆放位置的优劣。

数字化时代，视觉偏见起到的作用更大，比在传统零售时代更能左右我们的选择。正如超市中间货架上的商品更受青睐，屏幕中间的选项也在很大程度上会成为我们的选择。很多人之所以会选择他们不那么喜爱的零食，很可能因为这些零食处在屏幕的中间位置。

2013年，哈佛医学院的德鲁教授给23名放射科医师一系列真实病例的CT胶片，让他们从中寻找标志肺癌早期的肺结节。德鲁教授没有告诉这些医师，他在其中一张CT片的右上角偷偷插入了一张猩猩的图片。

尽管这个图片的面积比要寻找的肺结节大几十倍，但是只有17%的放射科医师留意到它。大部分医师都没有看到猩猩图案，而且他们扫视这一部分图像的时间平均只有250毫秒。

这其实就是中区偏见在起作用。中区偏见影响着所有和视觉紧密相关的行为，也影响着我们的选择。我们更可能挑选视野中心的选项。

各种商品在进入超市、卖场的时候都要交入场费，根据入场费的多少，超市、卖场会决定商品摆放位置的优劣。好地段的商品当然更容易被消费者发现，所以各种商品的品牌商总是不惜代价要让自己的商品摆在超市的货架中间。

消费者更喜欢挑选货架中间的商品，这是一直都存在的事实。

尽管中区偏见的存在不算是新鲜的事情，但有证据表明，这一偏见在多屏时代变得日益显著。人们在用手机、平板电脑看东西时，中区偏见现象更为严重。

我们在屏幕上关注的内容所处的位置会影响到我们的注意力及做出的选择，这也是网络心理学的一个关键问题。

在依赖视觉呈现的数字世界里,视觉热点区域对人的影响非常大。

从字体大小到配色,无数变量都在影响着人们的注意力。然而,屏幕的黄金位置才是最能够影响人的注意力的。

第 6 章

情绪唤醒
——触发顾客购买的扳机

我们不是一个可以感知的思考机器,我们是可以思考的感知机器。

—— 安东尼奥·达马西奥

顾客不是想买一个 1/4 英寸的钻孔机,而是想要一个 1/4 英寸的钻孔。

—— 西奥多·莱维特

据说大卫·奥格威最欣赏的一个广告是治疗脱发的羊毛脂广告：你见过不长毛的羊吗？驱使我们行动的70%是情绪，30%是逻辑。而人的情绪又是微妙变化的。

消费者情绪的触发点

营销是一种心理暗战，就是要理解顾客的情绪、情感、梦想，特别是要善于找到顾客的触发点。

雌火鸡是公认的好母亲，慈爱而又警觉。鸡猫，是一种有点像黄鼠狼的动物，是火鸡的天敌。当实验人员把鸡猫的模型放在雌火鸡的窝边时,雌火鸡便会对着鸡猫的模型发起猛烈的攻击。

每当这个时候,未成年火鸡就会因为害怕而发出"噗噗"的叫声。研究人员把这种叫声录下来,并把播放这种声音的录音机藏在鸡猫模型里。

当研究人员把发出"噗噗"声的鸡猫模型放进雌火鸡的窝里时,雌火鸡却对这个天敌模型呵护备至。它认为鸡猫模型也是自己的孩子。但当录音带里的"噗噗"声播放完毕,雌火鸡又开始对鸡猫模型发起攻击。

显然,雌火鸡母性本能的触发点是"噗噗"声,而不是未成年火鸡的气味、皮毛或形状。所以说,找到了情绪触发点,也就找到了问题的关键点。

人类也存在本能的触发点。人有七种主要情绪:喜、怒、哀、惧、爱、恶、欲。每一种情绪都有自己的"按钮"。有的妻子和丈夫生气后,会去商场血拼一下,这就是一种通过消费发泄情绪的方式:你不爱我,我就自己爱自己!

一个年轻人刚参加工作几年,赚了一些钱,于是他就买了一辆二手的宝来汽车,这就是"我经济独立了"的一种情绪表达。过了几年，年轻人结婚生子，于是换了辆沃尔沃汽车。因为据说沃尔沃是最安全的汽车，这其实是"我是顾家好男人"的信号传递。

又过了几年，年轻人的老婆不知道为什么跟他离婚了，他便将沃尔沃汽车换成了红色法拉利跑车。因为法拉利跑车代表着激情和浪漫，这是"我不缺你一个"的激愤表达。所以说，我们的偏好有时候来自我们的经历。

那些与愉快情绪相关的产品，能够启动我们大脑的快感中枢。心理学家曾对那些说可口可乐比百事可乐好喝的人做过一个测试：心理学家先向四个杯子中的两个杯子内倒入可口可乐，然后向另外两个杯子中倒入百事可乐，最后随意调换四杯可乐的位置。此时，被测试者蒙上眼睛，开始试喝，然后猜哪杯是可口可乐，哪杯是百事可乐。结果，那些喜欢喝可口可乐的人多数都猜错了。

其实，当一个喜欢喝可口可乐的人看到百事可乐的商标时，他的记忆中枢和反射系统的情感回路只会有轻微的活动。但是，当他看到更熟悉的可口可乐鲜红的商标时，他的记忆中枢和反射系统的情感回路就会高度兴奋。这种兴奋就会加强可口可乐所带来的快感。

一旦被测试者蒙上眼睛后，这种额外的刺激就消失了，以至于被测试者分不清哪杯是可口可乐，哪杯是百事可乐。这其实也说明商品在对我们的"情感印刻"起作用。

恐惧，最古老的情绪

恐惧是人类最原始的情感，恐惧心理是人们花钱的主要推动力之一。纽约大学的约瑟夫·勒杜教授认为："我们生来就知道如何感受恐惧，因为我们的大脑已经进化到可以处理自然情况。"

如果说快乐是诱导我们行动的"胡萝卜"，恐惧就是驱使我们行动的"大棒"。正如塞内加曾说：请告诉我谁不是奴隶。有的人是"色欲"的奴隶，有的人是"贪婪"的奴隶，有的人是"野心"的奴隶，但所有的人又都是"恐惧"的奴隶。

假设你面前有四张照片，分别是AK-47自动步枪、蛇、飞驰的汽车、电源插座。那么，哪一张照片上的事物更能引起你本能的恐惧呢？

相信很多人在看到蛇的照片时可能会稍微感到恐惧，很少有人会在看到AK-47自动步枪、飞驰的汽车、电源插座时产生恐惧。但在现代社会，后三者的危害性其实也不小。

我们的大脑是进行信息处理的机器，为我们提供了思维的本能，让我们可以在这个世界生存。人脑是经历了漫长演化的产物，其构造是复杂的，功能也是多样的，带有历史的演变痕迹。

人脑之所以会得到进化，最开始并不是为了解决复杂的数学问题，不是为了投资股票，也不是为了在琳琅满目的商品中挑选出真正有价值的东西，很可能是为了解决我们的祖先当时所遇到的生存、繁衍等问题。

人脑给予优先权重的信息往往有四个特点：恐惧、激动、新奇、困惑。那些点击率高的网文大多数都具有这四个特点中的一个或者几个。在网文的标题上，这四个特点也被尽可能多地体现出来。

很多广告其实都利用了我们的恐惧心理。我们惧怕肥胖、衰老、落伍、死亡……于是，水质有问题的时候，滤水器行业诞生了；食品安全问题严重的时候，有机食品行业诞生了；空气污染问题严重的时候，空气净化器行业诞生了……

我们的祖先在面对生存环境中出现的危险因素时，必须有"过敏"反应，才能有更高的幸存率。那些神经大条的人或者动物，都会比较容易被杀害或者被吃掉。可以说，我们都是偏执的"受迫害妄想狂"的后裔。

3B 原则——美女、婴儿、动物

人类天生会被"脸"吸引，这是人类进化出的一种本能。有时候，我们还能在没有"脸"的地方看出"脸"来，比如，在斑驳的墙面上、在奇峰怪石上。研究显示，只要在网页里加入人脸，其点击率会增加很多。所以说，如果在某个产品的广告宣传中放上一张人脸，就更容易吸引顾客的视线，甚至只放一张虚拟的脸也是可以的。

在智能手机时代，读者打开一篇文章后，首先映入眼帘的通常是图片而非文字。即使在传统纸质阅读时代，相当大一部分读者的习惯是先读图，比如封面、插图。还有一些文章中经常插入美女图片来吸人眼球。因为不单男性喜欢欣赏美女，连女性很多时候也喜欢看美女。

营销者在为商品配图时可参照广告学中讲的"3B原则"，即美女、婴儿、动物（对应的英文分别为beauty、baby、beast）。美女、婴儿、动物是人类的天性中不可抵抗的事物，比较容易激起受众的性欲、母爱和怜悯。

3B原则是由广告大师大卫·奥格威提出的，以此为表现手段的广告符合人类关注自身命运的天性，所以比较容易赢得消费者的关注和喜欢。

有人说"现在的广告都是围绕着女性打转"，无论广告的内容和女性是否有联系。美国有一家域名注册商的首页上曾经常年挂着一个亚洲美女的图片。其实域名注册与该美女并没有关系，却使得页面设置更有特点。

人类本能地会对婴儿产生保护欲。有个电视广告讲的是婴儿学步，刚开始，婴儿怎么都走不到两步之外的玩具前，尝试了许多次也未能成功。最后，婴儿手脚并用，三两下便爬到了玩具面前，开心地抱着玩具笑了。这时画面一转，出现了广告的主题——奥迪四驱。

婴儿是天真可爱的，极容易激发人们的怜爱之心。婴儿这个范畴还可以延伸到儿童。阿芙精油广告里握着薰衣草在田野奔跑的小女孩的照片，是阿芙重金从保加利亚摄影师手里购买的。

摄影师解海龙为希望工程拍摄的"大眼睛"女童苏明娟的照片，是非常能打动人心的一张宣传画，这张宣传画的力量简直胜过千言万语。

每种动物都被人类赋予一定的性格特征和象征意义，如，猴子象征机灵、调皮，狮子象征威严。我们可以把这些动物的特征跟某个产品联系起来，如，奥迪四驱的广告中用到的壁虎让人印象深刻。

动物在被赋予了情感和行为之后，能产生新奇的幽默感，这就是动物对潜在购买者会产生潜移默化的说服力的原因。可以说，将动物作为广告的主角也是屡试不爽的有效策略。

利用情感印刻进行营销

你有什么记忆深刻的事情吗？你还记得第一次吃的蛋糕的味道吗？你还记得初恋时心动的感觉吗？我想，你肯定会多少记得一些。人们有时会对那些很久以前发生的事情记忆犹新，因为人的大脑有记忆功能。科学家将这种大脑记忆的想象称为情感印刻。

1910年，德国行为学家海因洛特在实验中发现了一个十分有趣的现象：破壳而出的小鸭子会本能地跟随在它第一眼见到的活动的物体的后面。如果它第一眼见到的不是自己的妈妈，而是其他活动的物体，如一只狗、一只猫或者一只玩具鸭，它也会自动地跟随其后。

更重要的是，一旦小鸭子形成了对某个物体的跟随反应后，它就不可能再形成对其他物体的跟随反应。这种跟随反应的形成是不可逆的。也就是说，小鸭子承认"第一"，却无视"第二"，这在心理学中叫印刻效应。

印刻效应不仅存在于低等动物之中，还存在于人类中。正如神经科学家约瑟夫·勒杜发现的那样："当我们没有意识到影响正在发生的时候，我们的情感更容易受到影响。"

小鸭子会对它们出生后见到的第一个活动的物体产生印刻效应，即在发展的关键期形成一种联结。通常情况下，这个活动的物体是小鸭子的妈妈。印刻效应产生之后，不管印刻的对象去哪里，小鸭子都会紧随其后。很显然，印刻是一种学习行为，它是小鸭子和鸭妈妈之间形成的一种联结。

苏格拉底把人脑比作一块蜡。我们的各种认知、体验、思想、情感都会在这块"蜡"上留下印记。对于无法记住或没有经历过的事物，我们会很容易遗忘。我们经常说的"印象"一词，其实是个舶来词，也源自苏格拉底说的这个譬喻。

营销的目标，就是要给消费者一种特定的印象，或者说在"蜡"上留下特殊的印记。当我们对一件事物有强烈的情感时，大脑中的激素就会加速分泌，并对我们的心理造成巨大的冲击。所以，有些事情即使发生一次，却可以让我们终生难忘。

语言具有天然的局限性。因此，我们常常会有词不达意或言不尽意的时候。很多时候，情绪是无法用语言表达的。但产品的情感印刻往往能起到"此时无声胜有声"的效果。

安德雷克斯牌厕纸是一个著名的关于情感印刻的案例。安德雷克斯厕纸的销量是它的"劲敌"舒洁的两倍还多。然而，两家公司的广告费用、产品质量、定价等几乎差不多。英国的罗伯特·西斯教授对此感到很好奇，于是就进行了深入的调查。

罗伯特·西斯教授发现，长期以来，安德雷克斯厕纸都坚持用一个小狗形象的吉祥物来表现它们产品的优点：柔软、有韧性、量多。比如，一个女人抱着一只小狗，他们身后的一卷厕纸被一辆飞驰而去的汽车拖成一条长长的白色丝带。

从逻辑关系上来讲，小狗与厕纸没有太大的关联，甚至有点风马牛不相及的意味。但是，罗伯特·西斯教授认为，小狗能让人产生幸福、温馨的感觉。这可能就是安德雷克斯厕纸销量多的原因之一。

为产品关联一个美好符号

营销者如果想让受众心中产生温暖、积极的情感，可以通过一些方法赋予自己的产品一些好的、讨人喜欢的形象，比如，一个可爱的孩子，一只让人忍不住想抱抱的小狗。或许这些形象和需要营销的商品之间不存在任何关系，但它们能起到一定的促销作用。

奥克兰大学的约翰·金教授进行了一项实验。在实验中,他向受试者播放了一家虚构的比萨饼店的广告,广告设计者把一只猫的特写和比萨饼店的商标放在了一起。

虽然这两者之间不存在任何逻辑联系,但仅在广告片里把两者放在一起进行展示,就能令观看了广告片的受试者对这家比萨饼店产生好感。

索尼公司以前有一个很拗口的名字——东京通信工业公司,但是后来改成了一个发音非常简单的名字"Sony"。之所以选择Sony这个名字,主要因为它的英文发音和"sunny"很像,这种谐音可以给人传递一种温暖的感觉。

这种命名方式启发了乔布斯,于是他选择了"Apple"作为公司的名字。因为他希望公司的名字不仅代表科技,还代表人文艺术的力量。这种带有某种意义的命名方式在当时堪称前卫。

如果产品的名字能给人带来积极的情感,那么消费者就会被这个产品深深吸引。如果这种情感反应能激发消费者的购买欲,商家也就能从消费者那里获得他们想要的东西。

购买决策中混合着强大的情感因素。人的情感也可能在不知不觉中被操纵。

据说，小米还未诞生的时候，已经有了很多备选名字，比如红星、千奇、安童、玄德、灵犀等。在当时，"红星"是一个高票通过的名字，可惜红星二锅头是著名商标，有着特殊保护。于是，最终选择以"小米"命名。

选择"小米"，可谓歪打正着。小米是中国人常吃的五谷之一，温润滋养，给人一种亲切随和的感觉，而这也符合小米手机的定位。

为了让大家能够确切理解名字对于一件商品的价值和意义，我们可以回忆一下象牙香皂的案例。1879年的一天，宝洁公司的创始人之一哈里·波科特在做礼拜的时候，听到了一段《圣经》中的话："你来自象牙似的宫殿，你所有的衣物沾满了沁人心脾的芳香……"

礼拜结束后，哈里·波科特走在回家的路上，"象牙"这个词一直萦绕在他的脑海中。这个词如此美好，以至于他决定用"象牙"这个词作为即将投产的香皂的名字。

象牙香皂是宝洁公司生产的一种白色香皂，广告上说它的纯度达到了99%。营销专家认为，100多年以来，宝洁公司已经因象牙香皂获得了大约30亿美元的收益。

细节唤醒购买冲动

矿泉水的包装越来越精美和艺术化了,同样一瓶容量500毫升的纯净水,在价格相同的情况下,多数人会挑选瓶子设计得更合乎美感的那一瓶。

乔布斯喜欢喝的 Smartwater 矿泉水的包装,堪称设计艺术的典范。乔布斯平时就在苹果公司的食堂吃饭,食堂里永远都有新鲜的寿司和 Smartwater 矿泉水。Smartwater 是一种高利润的名牌产品,每瓶售价接近2美元。这个牌子的矿泉水有一个非常特别的广告语:它知道所有答案!Smartwater 这个名字听起来就像是来自法国阿尔卑斯山的益智魔法万能药,所以价格远远高于其他同等体积的矿泉水。

实际上,Smartwater 矿泉水只不过是自来水经过简单处理后加了些电解质而已。

所以说,很多时候所谓"过度包装"是个伪概念,因为你很难界定那个度到底在哪里,正如包装精美的食品确实能给人的感觉更好些一样。

心理学家曾经做过这样一个实验：在一家咖啡厅里，实验人员专门为顾客提供一种新口味的咖啡，可以免费品尝。但要求顾客在品尝之后，给这种新口味咖啡建议一个价格。实验人员将所有的顾客分成两组来品尝这种新口味的咖啡。

供第一组顾客品尝的咖啡是盛放在纸杯中的。供第二组顾客品尝的咖啡是盛放在非常讲究的陶瓷咖啡杯中的，并且还配上专门的托盘。在两组顾客品尝的咖啡相同的情况下，使用陶瓷咖啡杯品尝咖啡的那一组顾客，平均出价金额要远远高于那一组使用纸杯品尝的顾客的出价。

这个实验还说明了一个问题，杯子竟然成了影响顾客出价的重要因素。精美的杯子会让被测试的顾客产生高品质的预期。

密歇根大学的莱恩·埃尔德教授认为："由于味觉是从多感官衍生而来的，包括气味（嗅觉）、材质（触觉）、外观（视觉）和声音（听觉），所以如果一个广告能覆盖到以上这些感官，就比单独提及味觉要有效得多。"

英国莱斯特大学的研究者，在一家大型超市的酒类区播放了两种音乐：德国式军乐和法国式手风琴曲子。研究显示，在播放德式军乐那几天，超市里的顾客大多都买了德国品牌的酒；在播放法式音乐的那几天，大多数的顾客买了法国品牌的酒。

研究者得出的结论是，顾客更倾向于根据音乐所产生的情绪做出购买决策。

不同的时间和不同的场合，商家播放不同的背景音乐，可以刺激顾客的购买欲，进而创造更多的利润。在刚开始营业的八九点钟时，卖场商家会播放轻松欢快的欢迎乐曲，晚上快要关门时，商家会播放柔和的送别曲。

在商场逛街时，当顾客听到能够激起他们情绪的歌曲时，顾客会在不知不觉间买下一些东西。

很多服装店里的试衣镜都是斜放的，当试衣镜被斜靠在墙壁上时，顾客的全身都会很好地通过斜放的镜面映衬出来。

服装店老板往往会在试衣镜前打上强光，而且大商场中的试衣镜还会反射出柔光。这会让顾客在灯光的映照下更加靓丽，焕发出迷人的风采。买衣服时，大多数女顾客会在试衣镜前面端详自己很久。她们总觉得此时的自己比平时漂亮多了，身材也高挑了。

还有一种万能遥控器，生产厂家在生产这种遥控器时会故意在塑料壳内装一些没用的铝块。因为，消费者在拿到有一定重量的遥控器的时候，会感觉质量更好些。而这种遥控器的价格，也比其他种类的遥控器要贵很多。

商家也会抓住消费者的直观判断产品的心理，在产品的外观上下功夫。比如，很多人都觉得鸡蛋的蛋黄颜色越深，代表着鸡蛋的营养价值越高。因此，有些养鸡场的经营者就在饲料里添加色素，让蛋黄颜色更深。

麦当劳甜筒的尾部被设计得很短，但是螺旋式的冰激凌却高高地竖立在外面。这让顾客错误地认为这种冰激凌的分量很足，但其实不然。此外，商家在售卖礼品的时候也经常会在外包装上做一些设计。

一个精美的、体积很大的礼品盒里面可能只是个体积很小或很一般的礼物。比如，有一款吉列剃须刀就用很大的纸盒装起来。要知道，这样的包装可以有效缓解顾客掏钱的"痛感"，因为这个大的包装盒会让顾客产生一种买了很大的商品的错觉。

调动一切感官功能

口头语言是在人类进化的晚期才进化出来的，而书面语言则出现得更晚。所以，从人类大脑本身的演化来看，它并不是为了支持人类各项言语功能才进化出来的。

有人曾指出，在讲话的时候，听众能够接收和理解的信息，只有7%来自字面，38%来自语调，55%来自视觉，比如表情、手势等。

营销也是一样，要想触动消费者，仅靠文字和语言是不够的。营销就是要唤起需求，促进购买。人的感官会在外界的刺激下产生欲望，在欲望的促使下，购买行为会从被动变为主动。

营销手段不外乎采用图像、文字、声音等媒介刺激顾客的视觉、听觉等来达到销售的目的。但是，消费者在电视、杂志、报纸等广告宣传的强大攻势下，视觉与听觉已略有麻木。所以，营销想要获得成功，一定要全方位调动人的感官，通过视觉、听觉、触觉、味觉与嗅觉，触发顾客的购买动机，让顾客通过各种感官体验，产生购买冲动。

在德国的一家商场里，消费者会闻到青草的味道。随后，消费者被问及他们对这家商场的印象，结果对这个商场的正面评价还挺高的。这是因为大部分消费者的祖辈都是农民或者牧民，青草的味道会唤起他们对于田园生活的回忆。这就是所谓的"感官联想"。

你喜欢新汽车的皮革味、餐饮店的汉堡味、电影院的爆米花味，但很可能这都是一种罐子里喷出来的雾剂。它的使命就是扣动顾客的欲望扳机。

有一位行为学家说，对于其他感觉，我们的大脑都是"先思考再反应"，唯独嗅觉是"先反应后思考"。这句话确实很有意思。快乐蜂餐饮集团的崛起，恰好印证了这个论断。

菲律宾最大的快餐企业快乐蜂集团，是由菲律宾华人陈觉中在1975年创立的。中国的永和大王，其实就是快乐蜂集团旗下的。菲律宾的快餐业最初是被麦当劳霸占了，那么快乐蜂是怎么崛起的呢？

陈觉中先生回忆说，在快乐蜂创立之初，他们做的汉堡包根本不能吸引到顾客。后来，陈觉中想了一个主意，买了一个大功率的鼓风机，将鼓风机对着刚制作好的汉堡包吹，使得汉堡包的香味能飘到街道上。

当汉堡包的香味飘到街道上时，很多人闻到香味都忍不住放慢了脚步，有些路人甚至随着香味走进店里。

广告海报，消费者可以不看；促销员说的话，消费者可以不听。但是消费者不能不呼吸，这就是气味营销之所以有效的最重要原因之一。

在纽约，三星电子旗舰店里有一种像哈密瓜的香味。据说，这种香味能帮助顾客放松，让顾客有种漂浮在无边的大海上的感觉。在情绪放松的状态下，消费者对价格也就不那么看重了。

在一些购物中心的旁边，卖泡芙的柜台上会飘来一种香味。顾客在闻到这种香味的时候，即使不买，也会产生愉快的心理，进而在商场里待上更长的时间。

电影院里的爆米花香味使得本来无意看电影的人，也忍不住会驻足浏览电影海报。在生意清淡时，迪士尼乐园的爆米花摊也会利用爆米花的香味吸引顾客。

英国航空公司会在商务候机室里释放蓝莓的香味，为候机乘客营造一种身处户外的错觉。在这方面做得最好的是新加坡航空公司。

《旅行者》杂志将新加坡航空公司评选为"世界最佳航空公司"。虽然新加坡航空公司的飞机餐很一般,座位空间也不大,但是,新加坡航空公司的飞机上有一种特殊的香味,它们来自空姐身上的香水味以及热毛巾上的香水味。

新加坡航空公司的这种名为"斯蒂芬·佛罗里达"的特制香水,已经成为新加坡航空公司形象的一部分,且已申请了专利保护。

第 7 章

预期管理
——持续制造惊喜的艺术

不要过度承诺，但要超值交付。

—— 迈克尔·戴尔

谦逊，通常是自负者欲扬先抑的诡计。

—— 弗朗西斯·培根

意外之喜能让大脑勃然兴奋。世界上最"动听"的一句话，不是"我爱你"，而是"你的癌症是误诊"。多巴胺系统对新鲜事物的刺激更敏感。所以营销者要在消费者头脑里建立这样一种认知——选择会有惊喜。但这种惊喜必须具有一定的随机性。

调节阈值，管理预期

让我们再回头看看斯金纳的鸽子实验，当鸽子啄击玻璃获取食物变得具有随机性时，鸽子会以超高的频率疯狂地啄玻璃。人也一样，当奖赏变得不确定时，人就容易对它进行更加狂热的追求。

当我们的大脑被可预知的东西刺激时，大脑中分泌的多巴胺量会减少。这就可以解释我们为何总是喜新厌旧了。鉴于此，我们就可以根据新旧事物对大脑的影响程度而设计商品促销活动的力度以及频率了。

很多游戏开发者在设计游戏的过程中就利用了这个原理。在微信的漂流瓶游戏中，用户捞到的到底是瓶子还是海星是不确定的，而这个设计不但没有让用户讨厌，反而强化了用户对这款游戏的喜爱。

最新的研究证明，奖赏的多变性会使大脑中的伏隔核更加活跃，并且会提升多巴胺的分泌量，促使人们对奖赏产生迫切的渴望。奖赏的不确定性越大，脑内多巴胺的分泌量就越丰富，人会因此进入一种物我两忘的专注状态中。这时大脑中负责理性与判断的部分被抑制，负责需求与欲望的部分被激活。

在人类的一切行为中，赌博的不确定性最大，这种不确定性很容易让大脑兴奋。很多时候赌博会对大脑产生一种负奖赏（输钱），输钱和赢钱会形成强烈的反差，使得奖赏（赢钱）更具有诱惑力。这也是为什么很多人会花费很多时间去赌博了，其实，赌博并没有让他们赚到多少钱。

诺贝尔经济学奖得主萨缪尔森提出了一个著名的幸福公式：幸福＝效用／欲望。套用这个公式，我们可以得出——营销效果＝营销力度／顾客期望值。

收着点，才能超预期

物无美恶，过则为灾。营销这味"药"，便宜，见效快，所以很多人都喜欢用它。但是，过度的营销会使得顾客的期望值变得非常高。如果你做了很多广告来吹嘘你的产品，把顾客的胃口吊得很高，而实际产品却达不到顾客预期，最后顾客一定会很失望。

所以，雷军说："收着点。"这也是雷军的口头禅。即使雷军向自己的母校捐款建设科技楼时，他捐出的数额也不是 1 亿元，而是 99 999 999 元。这体现了一种方法论：超预期的核心在于控制预期。

网上出了一款 MIUI 手机，没有人知道这是谁弄出来的。而且在小米发布后的一年半的时间内，雷军仍隐姓埋名，没有人知道他在做这件事情。雷军心中的小米是一个"超预期"的商品。但是小米火了之后，雷军并没有做好控制预期的工作。

雷军的初衷是不希望小米一度红得发紫，毕竟这是一种失控状态，所以雷军还是希望能够"收着点"。雷军婉拒了很多记者的采访，不再制造话题，因为小米要"收着点"。

然而，当时的形势已经一发不可收拾。被批评过度营销时，小米已经身不由己了。很多报道其实不是雷军主动要求做的。雷军总是希望小米能够超预期，但是用户对小米的期望值越来越高。小米作为一个创业型公司，它怎么可能一下子就赶超三星、苹果呢？

这是一个营销过剩的时代。关于营销，每个人都能说出个一二三来。现在的营销者缺的不是营销技巧，而是预期管理。当营销用力过猛，噱头大于产品时，消费者就会产生怨愤。

当期望落空之时，消费者就会"粉转黑"或者"路人转黑"了。所以说，管理顾客的预期，给顾客超出期望的惊喜，才能让顾客真正"上瘾"。

出奇容易，守正则难。粉丝经济下，销售者不能过度宣传，还是要注重产品的质量。对于狂热的粉丝，我们需要给他们的预期适度降温。

粉丝经济是一种很好的营销手段。然而，当营销太用力，夸大了产品的质量，就会让粉丝用户有受欺骗的感觉，粉丝用户就会抵制这款产品。

粉丝经济其实也是把"双刃剑"。当营销力度和内容与产品的真实情况不相符的时候，粉丝就会不再认可这种商品，进而出现反噬效应。

超预期让大脑勃然兴奋

和一小部分人做朋友,你要具备"红人"的素质。和一大部分人做朋友,你要具备"社会活动家"的天赋。"和用户做朋友",已经成为不少企业的信条。然而,很多人连和少数几个人做朋友的交际艺术都不懂,又怎能奢谈和成千上万的用户做朋友呢?

雷军曾举过两个例子,一个例子是说,迪拜帆船酒店号称全球最好的酒店,但人们真正去了以后,酒店还是挺让人失望的。还有一个例子是说,如果人们慕名去北京国贸吃某网红店的煎饼果子,本来想着北京 CBD 的煎饼果子理应更好吃,但吃了以后发现也不过如此。长此以往,这两个地方就会受到人们的抱怨。所以说,提升用户口碑的秘诀之一是超越用户的预期。

如果你去某家餐厅吃饭,刚到这家餐厅的时候发现这家餐厅的地段并不好,环境也乱糟糟的。此时,你对这家餐厅肯定不会抱有太高的预期。然而,当你真正进去的时候,如果有个服务员走过来,说:"小姐,怎么不高兴,要不要我为你唱首歌？"此时，你肯定会觉得这家餐厅的服务还是挺不错的。

海底捞走的就是这种营销模式。我们去五星级饭店吃饭是冲着"五星级服务"这个参照值去的，所以我们有时候会很挑剔。我们去海底捞吃火锅则不会对那里的服务抱太高的期望，结果却令人很惊喜。

海底捞的创始人张勇认为，火锅店与火锅店之间，菜品的差异并不大，因此，服务可以成为差异化战略的着力点。

魅族创始人黄章常说："让用户得到的超过预期值。"魅族在三年时间内仅做了两款手机，但这两款手机并非"完美之物"。接着，魅族又推出了一系列的补差价旧机换新机，甚至免费换新机的政策。

在待机时间的标注上，魅族手机没有像其他厂商那样写出最长待机时间，而是写出了最短待机时间。魅族手机超高的性价比，超出了用户的预期，因此也促成了用户口碑的形成。

假设你今天生日，但你最在乎的那个人说："我今天要加班，可能会回来比较晚。"这时你肯定会感到失落，也不再想着会得到什么惊喜。但是，当你晚上下班回到家的时候，却发现他已经为你精心准备了生日礼物。这时你会有什么样的心情呢？当然是喜出望外了。所以说，当好事超出预期，人类的大脑就会勃然兴奋。

超越预期，其实也是一种锚定效应。美国有个卖鞋的网站名叫Zappos，亚马逊在2009年花了几亿美元收购了它。这个网站为什么那么值钱？其实，这家网站的技术并没有多好，只是服务比较好而已。Zappos承诺为顾客不断创造快乐与满足。

Zappos是如何做到这一点的呢？Zappos的营销策略是，用服务传达惊喜——提供让用户喜出望外的服务，让顾客的大脑勃然兴奋，进而对这种体验难以忘怀，并期待下一次的勃然兴奋。

Zappos就是通过调整用户预期之锚，来赢取良好的口碑。比如，顾客在Zappos的网页上买了鞋子后，Zappos承诺鞋子4天后即可送达。然而，绝大多数当天下的订单，顾客第二天就可以收到货。

Zappos网站甚至还推出了售后延迟付款的政策，顾客购买商品后3个月内可以不付款。更贴心的是，Zappos网站允许用户买1双鞋，却能试穿3双鞋，然后把不合脚的鞋寄回去，而且包邮。

可以说，无论是乔布斯、戴尔，还是黄章、张勇、雷军，都认同这一理念：口碑营销的真谛是超越用户的期望值。

口碑营销就是预期管理

从做 MP3 开始，黄章就开设了网站，j.wong 是其在论坛的注册 ID。黄章本意是想通过互联网更快、更及时地获得用户的反馈，于是几年间，黄章发布了数千篇帖子。

无心插柳柳成荫。由于黄章本人的活跃度以及魅族产品良好的口碑，魅族论坛的用户越来越多，日活跃用户高达数万。魅族不需要花重金做广告宣传，就能获得比较高的广告宣传效果。因为魅族的铁杆粉丝，为魅族手机营造了良好的口碑。粉丝口碑营销的威力是非常大的，因为粉丝能够为产品带来更多的粉丝。

据统计，一个忠诚的老顾客可以影响 25 个消费者，诱发 8 个潜在消费者产生购买动机，其中至少会有 1 个人产生购买行为。铁杆粉丝还可以带动周边产品以及换代产品的销售。

"零缺陷"的产品基本上是不存在的。但是，商家要想做出超出顾客预期的产品或服务，则简单得多。维护好铁杆粉丝的关键在于给予他们超出预期的好处，让他们被感动，并得到满足。

黄章说："有一分钱做一份事。我们的产品要用最好的元器件，这是不能变的；研发也要有大投入。广告现在不是时候。"

阿芙精油是近几年来崛起的一个精油品牌，赠品是阿芙精油的成交法宝。如果新用户抱着试试看的态度买一瓶精油，收获的不仅仅是精油，还有各种各样的小东西，如香薰灯、调配瓶、游戏卡……这些东西全部是单独包装的。

因此，当新用户拆开包装时，会有一种拆礼物的感觉。阿芙精油的创始人雕爷在其作品《MBA 教不了的创富课》里复盘了这种做法的由来。

与阿芙做法类似，三只松鼠的赠品袋里有开箱器、垃圾袋、钥匙扣、湿纸巾等。这些超预期的小惊喜，为产品获得用户口碑打下了良好基础。

让消费者有超值的感觉

某小城有两间经营衬衫的服装店，第一家服装店经营欧洲风格的衬衫，第二家服装店经营北美风格的衬衫，两家店衣服的价格不相上下，每天的营业额也都差不多。后来，小城里的第三家服装店也开张了，同样经营欧洲风格的衬衫，价格却比第一家服装店的高很多。

因为价格的原因，第三家服装店内很少有人光顾，而第一家服装店的营业额却大幅度增长。与此同时，第二家卖北美风格衬衫的店也受到了影响，顾客也比以前少了许多。人们都以为第三家服装店迟早会垮掉，但令人百思不得其解的是，这家服装店存在了很久。

直到有一天，第一家服装店和第三家服装店同时转让，人们才发现，这两家店的老板是同一个人。其实，第三家服装店的存在，正是为了给第一家服装店做陪衬的。

在这三家服装店里，第三家服装店就是"诱饵"，第一家服装店才是真正销售的"目标"，第二家服装店就是"竞争者"。

我们去餐厅吃饭，一般来说，餐厅的菜单上至少会有一个贵得离谱的菜（即使从来没有人点，或者点了后店家也会说卖完了）。其实，这道高价菜的存在并不是让顾客真去选择它，而是诱导顾客点比它价格稍微低一点的菜。

这是因为，当我们看到有贵得离谱的菜之后，会觉得比它价格稍微低一点的菜才是真正的"物美价廉"，就会果断地点这个价格稍微低一点的菜了。这种市场营销技巧被广泛应用于各种各样的商品销售中，比如家电促销、网费套餐等。

营销活动中也常常存在一种"幻影诱饵"，比如，汽车、手机、化妆品等产品的目录中会有一些价格比较高的产品，商家们其实并非奢望卖出多少"豪华套装"和"顶级配置"，而是希望以此来提高消费者对相关产品的期望价位。

降价促销活动中，商家常常会特别强调在目前不起作用的"原价"，其实这个"原价"就是一个"幻影诱饵"。

第 8 章

积极成瘾
—— 像玩游戏一样工作

工作的报酬是工作。

—— 井深大

人生最大的快乐是致力于一个自己认为伟大的目标。

—— 萧伯纳

积极成瘾可以给人带来愉悦感，让人体会到生活中真实的快乐。那么与积极成瘾概念相对的可能就是消极成瘾。烟、酒可以让人有愉悦感，让人成瘾，但因为它们会给人的身心造成不同程度的伤害，所以称为消极成瘾。

尊重目标是执行力的关键

《生命的升级：成为自己故事中的英雄》一书的作者史蒂夫·坎布是一位游戏迷，他觉得如果自己能弄明白为什么会对游戏如此上瘾，就可以利用这个原理，"围绕冒险为中心，而非逃避"来重建自己的生活了。

史蒂夫·坎布知道游戏都是由一次次的晋级来吸引人的。在第一级中，你可以杀蟑螂；在第二级中，你可以杀老鼠；在第三级中，你可以杀怪兽……当你升到了足够高的级别时，你就可以和龙怪决斗了！

不断晋级的感觉真的很棒，我们会爱上这种来自大脑的奖赏。网络游戏厂商为了让玩家爱上游戏，不会制定难度系数太低的开局任务，难度太低，玩家会心生轻慢；当然也不会制定难度系数太高的任务，难度太高，玩家可能会放弃。

网络游戏厂商会设置一个恰当的难度系数，让玩家能轻松获得成就感，并让大脑获得自我实现型犒赏。

制定任务是一门艺术。无论是工作、学习还是技能训练，我们都可以参考这一原理来进行。我们给自己设定一个合理的目标，那么当自己实现了这个目标的时候，就会获得与打网络游戏晋级一样的兴奋感。

有时候，当挑战稍微超出我们的能力范围时，我们不知道接下来会发生什么，所以就会更加专注于这个挑战。这种挑战会让我们的大脑分泌多巴胺，进而感到兴奋和愉悦。

在阿里巴巴集团的内部，有一个执行力法则叫"尊重你的目标"。目标是不可以乱定的，定低了不行，定高了完不成更不行。既然目标定了我们就必须完成。

比如，在制定目标的时候，上个月的最高指标应该是这个月的最低指标。采用这种设定目标的方法，我们就会有一种持续的进步感，那种来自大脑的即时型犒赏会鼓励我们不断改进，持续进步。当我们完成了阶段性目标后，我们可以通过各种方法犒赏一下自己，以强化这种行为。

目标细分，反馈及时

人生不是百米冲刺，而是一场马拉松，需要耐力和智慧才能跑得远。艺人刘德华曾被媒体追问："你这么多年可以这么努力的源头是什么？"刘德华说："我觉得是一个习惯，把努力变成一种习惯，就不会有压力。"原来，努力也会成为一种习惯。

1984年，在东京国际马拉松邀请赛上，名不见经传的日本选手山田本一出人意料地夺得了世界冠军。当媒体问他凭什么取胜时，他只说了一句话——"凭智慧战胜对手"。当时很多人都认为这是山田本一在故弄玄虚。

1986年，在意大利国际马拉松邀请赛上，山田本一再次夺冠。记者又请他谈谈比赛经验，山田本一依然说了那句话——"凭智慧战胜对手"。山田本一的这句话从此成了一个未解之谜。

多年后，已经退役的山田本一出了一本回忆录，道出了其中玄机。在回忆录中，他是这么说的：

"每次比赛前，我都要乘车把比赛的路线看一遍，并画下沿途比较醒目的标志，比如，第一个标志是银行，第二个标志是中央公园，第三个标志是一座红房子……这样一直画到赛程终点。

"比赛开始后，我就以百米的速度奋力向第一个目标冲去，等到达第一个目标后，我又以同样的速度向第二个目标冲去……于是，40多公里的赛程就被我分成这几个小目标，并轻松地完成了。

"起初，我并不懂这个道理，我把目标定在40公里外的终点线的那面旗帜上，结果我跑到十几公里时就疲惫不堪了。我被前面那段遥远的路程给吓倒了。"

山田本一在回忆录中说的这段话向我们阐述了一个道理：我们应学会把大目标分解成若干个具体的小目标，并对小目标一一克服，最后就能取得成功。

当我们把大目标分解成具体的小目标，并分阶段逐一实现时，就比较容易因小目标的实现而感到快乐，并形成一种快速、积极的反馈，进而有动力去实现下一阶段的目标。此时，我们在各个阶段所获得的小成功加起来就是大成功。

几乎所有的体育教练都是"切割目标"的大师。美国职业橄榄球联赛教练比尔·帕斯尔斯曾带领纽约巨人队夺得两届"超级碗"冠军，他很赞同"即使小小的成功，也能大大地鼓励人们相信自己"的观点。

美国哈佛大学行为学家罗布里提出了"小目标成功学"的说法。他认为，有些人误以为自己能一步登天，所以常做梦会一举成名，一下子成为一个成大事者。

实际上，这是不可能的，原因有两个：一是能力不够；二是成大事者必须经过长久的磨炼。

这种将大目标切割为若干个小目标的方法，其实早已被游戏开发者所掌握。游戏开发者知道，如果人们可以乐此不疲地点击鼠标十万次（打网游），那么，人们也可以对任何事物欲罢不能。从这一点来说，营销者可以设计出引导用户"积极成瘾"的产品。

工作、学习、康复皆可成瘾

我有几位朋友曾经都是网瘾少年，但他们都在各自的领域取得了不错的成绩。他们甚至能从网络游戏中悟出一些道理，用来指导自己的工作。

所以说，在这个越来越容易成瘾的世界中，我们要学会与"瘾"共舞。

我们专注于打游戏时，会觉得时间过得很快，有时觉得自己只是玩了一会儿，不足 20 分钟，但其实已经玩了将近两个小时。这种专注的状态有点类似于心理学家说的"心流"。

我们面临难度适中的挑战时，大脑会形成一个自我实现型犒赏的预期，就有可能进入心流的状态。当一个人有过心流体验时，网络游戏、毒品都不再会对他有太大的吸引力。一个人要想进入心流状态，必须注意以下两点：

第一，我们要用积极的态度对待要做的事情，因为大脑只会对感兴趣的事情负责。所以，就算是比较枯燥的工作，我们也要从积极的角度进行描述。这是进入心流状态的前提。第二，我们所面对的这个任务要具有挑战性，也要具有可执行性，要难度适中。

当我们进入心流状态后，大脑中的多巴胺分泌量会增多。我们前面说过,多巴胺与我们对时间的感知力有关,在心流状态下,我们会感到时间过得很快。

人一旦进入心流状态,大脑中会建立各种平时没有的神经联结,使人产生巨大的创造力。这时大脑会分泌多巴胺、内啡肽、大麻素、催产素等多种激素,神经元之间建立各种联结,使大脑产生强烈的愉悦感。

智能手机的普及,已经为成瘾型学习产品的营销铺平了道路。就拿背单词来说,在没有智能手机的时代,学习者很难获得及时的、积极的反馈,大脑也很少会收到即时型犒赏。

如今,学习者通过软件可以随时测试自己的学习情况。这种即时型奖励的满足感可以激发学习者的学习兴趣和热情。有些学习软件甚至会和学习者一起"讨论",并最终为学习者制订一个学习进度表。

学习软件通过让学习者每天打卡,来引导学习者每天学习,甚至和学习者"对赌",以刺激学习者的多巴胺分泌。可以预测,在未来,学习者都会主动学习,高压型、填鸭式教育将不复存在。

只有主动选择的挑战,我们才会从中感受到快乐。如果是被迫的,就算是打游戏也是一桩苦差事。事实上,确实有人靠在网上打游戏、卖装备为生,但那样打游戏的乐趣将大打折扣。

2008年,美国《小儿科》医学期刊刊登了一则报告,为了让罹患癌症的青少年配合化疗,美国一家实验室打破常规,用孩子们能理解的语言来改变他们的行为。

实验人员开发了一款名为"重生任务"的电子游戏。这款游戏一共有20关,玩家在游戏中扮演一个纳米机器人战士,任务就是消灭血液里的肿瘤细胞。通过打怪升级,玩家可以掌握更多的有关化疗和康复的知识。

结果,这款电子游戏有效地强化了青少年服药、化疗的行为。玩过(哪怕只通关一两级)这款游戏的孩子,血液中化疗药物的药性提升了20%,这使得孩子们战胜癌症的概率增加了一倍。

那么,为什么只玩过一两关游戏也可以有效地改变患者的行为呢?一位斯坦福大学的营销学教授给出了解释:"可以从营销学的角度来考虑这件事。我们可以用简短的电视广告来改变观众的行为，靠的不是释放信息，而是塑造一种认同感，'我要是也买辆宝马轿车，就会变成这样的人；我要是也那样度假，就会变成环保人士'。"

通过这款游戏，这些青少年患者有了一种认识：化疗不再是一件无意义的重复行为，不再是简单地与病痛做斗争，而是和病魔做斗争。所以，他们必须接受化疗，战胜病魔，夺回本该属于自己的人生。

让大脑不断获得犒赏

微信有一个记录运动步数的功能，这个功能能让我们从此爱上步行。

当微信每天公布朋友圈里朋友的运动步数排行榜时，我们的大脑就产生了对晋级型犒赏的渴望。

当我们看到好友排名在我们前面时，有一股无形的力量会促使我们坚持运动。当我们的名次靠前时,大脑就会获得一种晋级型犒赏,并产生优越感。

很多人买了印刷版的《圣经》后,往往就束之高阁了。一位名叫波比·古尼瓦德的创业者改变了这一状况。他开发了一款名为YouVersion的《圣经》阅读应用程序,里面有各种版本的《圣经》。

YouVersion程序中的《圣经》不同于纸质版《圣经》的地方在于,它的设计版式让人看着很舒服,同时人们也可以在上面做笔记,选择多种颜色做标注,并同步到自己的账号里。

YouVersion程序还会协助《圣经》阅读者制订一个合理的阅读计划,并给予一定的提醒、反馈。当然,它还具备一定的社交功能。因为YouVersion程序的出现,记录《圣经》的载体发生了改变。

可以说,YouVersion程序定义了在移动设备上阅读"上帝讯息"的方式。更重要的是,在YouVersion程序上阅读《圣经》,人们会有一种超越型犒赏的感觉。

YouVersion的核心内容是免费的,但额外的功能需要付费,包括祷告、《圣经》学习等。因为这个应用程序,开发者还募集到了巨额的善款。由此,YouVersion才有能力提供1250种语言,1800个《圣经》版本,全球下载次数高达3.5亿人次。

第 9 章

社交认同
—— 合群、媒介与交换

我们塑造了工具,最后工具又反过来塑造我们。

—— 马歇尔·麦克卢汉

我们很难去通过改变这个人本身去改变他的行为,
但我们可以通过改变他所处的环境来改变他的行为。

—— 库尔特·勒温

无论是我们的祖先还是我们身边懵懂的孩子，抑或我们自己，潜意识中都会有一种强烈的渴望——被认同。点赞是一种最低成本的社交认同，转发则是更高一层的社交认同。

他人是自我的延伸

Opower 是一家帮助美国居民节约能源的公司，其创始人亚历克斯·拉斯基做过一个实验，分别用不同的宣传口号倡导大家节约能源：每个月可以节省 54 美元；节能减排可以拯救我们的地球；你是个好公民；你的邻居在节能方面比你做得好……

大家可以猜一猜哪一种宣传口号起到的效果最好。其实，第四句宣传口号最有效。听过第四句宣传口号的家庭，平均比其他家庭多减少 2% 的能源消耗。这就是典型的渴望社交认同的现象。

他人是自我概念的一种延伸。如果缺乏有意义的社会关系，我们就无法形成稳定的自我认识。人类是社会型的动物，渴望和寻求友谊是正常的事情。我们每个人都希望获得社交认同，否则就会感到恐慌。

1900 年，李施德林漱口水利用令人不快的口臭掀起了一股销售热潮。其结果是，李施德林漱口水现在拥有了高达 53% 的市场份额。原因就在于，人们害怕因口气不够清新而遭受社交挫败。

我们为什么会追逐时尚？从神经科学角度来说，这是人类的镜像神经元在起作用。如果我们看到很多人都穿戴同一种服饰，我们的镜像神经元就会有模仿的冲动。有学者猜测，大约在十万年前，大脑的雏形中就产生了镜像神经元。因为有了镜像神经元,大脑才得以飞速进化。

镜像神经元会驱使我们模仿他人的行为,所以,当部落中某个猿人发现了取火的方法,或者某种工具的使用方法时,这种技能将迅速传播。正因如此,人类文明才得以形成和延续。从社会心理学的角度讲,这样做的目的是希望与群体保持一致,即获得社交认同。

有人曾问一位国际礼仪专家:"穿衣的金科玉律是什么?"这位专家就用简短的两个字"合群"回答。别人都穿西装,只有你穿长袍,这显然是有违社交认同的原则的。为了获得别人的理解、认同、接纳,我们不但要穿得合群,还要表现出幽默感、爱心、智慧、才华……

我们展示自己的专业能力,或是为了让异性多看自己几眼,或是为了得到一份好的工作。但不管如何,都是为了获得一定的社交认同。就算那些看上去特立独行的人,也有希望获得社交认同的时候。

有人曾回忆说:"在帮派内部,最严厉的惩罚不是被杀掉,而是被开除。"

可见，人们对于被孤立的恐惧，甚至超过死亡。从进化论的角度看，人类害怕离群。在漫长的进化过程中，人们只有融入集体，才能免于被野兽吃掉。人类要生存，所以必须具有"群性"。

键合、成瘾与恋物癖

一般来说，成瘾分两种：物质成瘾和行为成瘾。物质成瘾指人对药品、烟、酒等东西的上瘾行为。行为成瘾指某些易成瘾人群沉迷于某些行为不能自拔，如赌博、上网等。行为成瘾具有物质成瘾的特征，如耐受性、戒断症状等。

荷兰社会心理学家皮特·寇恩认为，也许我们不应该把它叫作物质成瘾，而应该叫作"键合"。键合其实是一个化学术语，指的是相邻的两个或多个原子间的强烈相互作用，这里比喻人与物质之间的紧密联系。

人是一种社会动物，是社会中的一个"分子"，最基本的需求是彼此连接。这就像分子之间要通过分子键进行键合一样。

我们健康快乐时，会与身边人关系融洽，建立连接。我们受到排斥，或者不能与身边的人建立连接时，为了舒缓压力，便开始寻求与物质的连接。这些物质可能是香烟、酒、美食、衣服等。

人们之所以会对物质上瘾，有一种可能是，这个人无法很好地生存在自己的社会关系网中。人有建立关系的需要，追求认同，逃避排斥。当追求认同的执念得不到满足的时候，疏离感会促使一个人寻求与物质的键合，即对物质上瘾。

与一些物质键合，是人类的天性和本能。心理学家认为，当孩子开始意识到自己拥有脱离母亲而存在的独立自我时，会逐渐找到一种代替母亲的过渡对象，也就是所谓的"安全毯"，并让自己感到更安全。研究表明，成年人也一样。成年人缺乏自信时，也会靠一些物品来增强信心。

心理学家罗伯特·A.维克隆德在1982年的研究发现，与其他人相比，工作机会更少、成绩更差的MBA学生更喜欢展示自己昂贵的西装和高档手表等象征事业成功的东西。从营销学的角度讲，对某些商品进行人格化，可以使一些缺乏亲密关系的人在获得这件商品时拥有一些慰藉。

媒介是个人的延伸

被称为"IT时代的先知"的传媒学大师麦克卢汉认为，媒介即人的延伸：文字和印刷媒介是人的视觉能力的延伸，广播是人的听觉能力的延伸，电视则是人的视觉、听觉能力的综合延伸。

1. 生存竞争的需要

心理学家弗兰克·麦克安德鲁教授认为，热衷于小道消息是人类的本能，是人类演化的产物，而非流行文化的产物。小道消息是维系群体交流和稳定的工具，能够促进群体稳定和繁荣。

上古时代，我们的祖先以部落的形式生存，所以没有所谓的小道消息或主流声音的认识和区分，传媒的最初形态就是口耳相传。在残酷的生存环境中，对同伴和敌人的信息近乎偏执地掌握是保证竞争优势的手段之一。因为只有如此才能更好地获取资源，对抗未知的风险。

在人类进化的过程中，八卦爱好者完胜并淘汰了轻视小道消息的人们。或许，现代人就是上古时期的八卦爱好者的后裔。谈论那些有趣的八卦，是人类普遍的喜好。即使只有几个人一起生存，人们进行谈论的时间也不会减少，甚至每天会花上几个小时研究和传递信息。

人类已经进入移动互联网时代，但人的本性没有改变。因此，一个人要想把生意做好，就必须弄明白什么是竞争。要弄清楚谁才是你的竞争对手,你要近乎偏执地去打探。你要知道竞争对手到底都在做什么,要用什么绝招才能超越他,这才是竞争的全部内涵。

2. 社交货币

我们在与他人谈话的时候,不只是想交流某种信息,更多的是想交流与自己相关的信息。人们潜意识里都是想通过传达或了解某些信息来塑造自我,使自己成为别人眼中聪明的、风趣的、理智的人。

一个人身上所具有的聪明、风趣、理智等特质,其实就可以称为社交货币。谈资,即可供谈论的资料或资本。社交货币其实也可以叫作谈资。因为谈资有奖赏我们大脑的功能,所以把它比喻成货币也是挺合适的。事实上,谈资也确实有货币的部分特点。经济学家对货币的定义通常有三种:交易媒介、价值尺度以及价值储藏手段。

新鲜的资讯和稀缺的物品都是一种"软通货"。人与人之间的默契与结盟，正是靠交换新鲜的资讯和稀缺的物品来实现的。人们喜欢聊天，因为聊天可以让彼此迅速共享信息。

秘密，也是一种社交货币。有人说，只有秘密才可以交换秘密，然而秘密一旦被分享，就不再是秘密了。调查显示，女性保守秘密的时间不会超过48小时，男性保守秘密的时间只是稍微长一点儿而已。

社交内容的货币化

《唐才子传》中有一则轶事：有一次，大诗人宋之问的外甥刘希夷作了一首名叫《代悲白头翁》的诗。

刘希夷便拿给舅舅宋之问看，希望他能点评一下。谁知宋之问拿着诗看了良久，不肯放下，原来是对其中"年年岁岁花相似，岁岁年年人不同。"这句话很喜欢。

于是，宋之问就希望外甥刘希夷把这首诗让给自己，说是自己写的。宋之问说："既然你觉得这句子有不妥，那让给我吧，权当是我写的。"

刘希夷碍不过舅舅的情面，于是便答应了。但没过多久，刘希夷又反悔了。宋之问为了永久霸占这首诗的署名权，最后竟把自己的亲外甥给杀了。

其实，诗歌不过是一种人们在社交活动中传诵的"歌"罢了。要知道，在盛唐，还没有类似今天的知识产权的制度，作品即使流传天下，也很难直接变现。那么为什么有人会对信息的署名权那么在意呢？

其实，无论是古代还是现代，信息传播虽然不一定能为人们带来直接的经济利益，却能让人获得声望，以及间接获得其他的利益。古人虽然没有"社交货币"这个概念，却对社交内容中隐含的价值有一种洞见。类似宋之问这种做法，无异于谋财害命。

1. 人们期望获得社交货币

比特币作为一种虚拟资产，曾吸引了无数的投机客。然而，比挖掘比特币还让人疯狂的是铸造社交币。

哈佛大学的神经科学家做过一个实验，他们把脑扫描仪放在被测试者的脑部，然后让他们在社交媒体上分享各自感兴趣的内容，比如宠物、萌娃或体育运动。

科学家发现，被测试者在分享个人信息时的脑电波，与他们获得钱财和食物时的脑电波活动得一样强烈。这个实验得出的结论是：自由表达和披露信息，本身就是一种内在的奖励。

我们对社交货币的热爱已经失去了控制。我们肆无忌惮地聊着娱乐明星和新闻名人的八卦，甚至还会谈论电视剧中虚构人物的故事。

微信、微博在为数以亿计的用户提供各种服务的时候，也提供了花样翻新的社交货币奖励。人们通过发微信朋友圈、写微博，来期待属于自己的那份社交认同。这种精神奖励带来的快感会让用户念念不忘，并期待更多。

社交货币，其实是一种社交赏筹，抑或部落赏筹，源自我们和他人之间的互动关系。这种奖赏的筹码，如，转发量、点赞数、评论数等在适当的条件下可以变现。人是社会化的动物，彼此依存。为了让自己被接纳、被认同、受重视、受喜爱，我们的大脑会自动调试以获得赏筹。

我们在社交媒体上发布各种内容，是因为我们能够借助它们来巩固自己的社交关系。我们在微信朋友圈发布各种内容，主要意图有两个，一是"晒"，二是分享。

"晒"和分享的意思大致一样，都指的是我们通过发布信息，展示我们的生活方式、生活态度和精神面貌。一个人"晒"或分享出来的东西，其实是他自我意识的理想状态，通常是源于生活，高于生活。

假如一个人天天吃驴肉火烧，那他其实是不大愿意在朋友圈发吃驴肉火烧的图片的。假如这个人某天吃了一次日本料理，那么他很可能会拍下来"晒"到朋友圈。

"晒"娃、"晒"猫狗、秀恩爱的人的心理是这样的——我希望通过这些信息来展示我是一个热爱生活、健康快乐的人。由此，我们的大脑会获得社交型犒赏。

2.社交货币比金钱更具吸引力

2007年,一家名为Mahalo的问答网站问世了。与以往的问答网站不同的是,Mahalo为了激励用户在网站上多提问和回复,推出了自己独创的金钱奖励系统。

首先,在Mahalo网站上提问的用户需要悬赏才能提问,也就是提供一笔网站内发行的虚拟币作为赏金。接着,其他用户可就问题提交答案,最佳答案提交者将获得这笔赏金,并可将其兑换为现金。

Mahalo在夏威夷方言里是"感谢"的意思。Mahalo网站的创始人认为,这样的奖赏模式,犹如一个经济体系,有助于激发人们的参与热情,并增强网站的黏性。

刚开始,悬赏提问的方式确实奏效,Mahalo的新用户呈爆发式增长。然而金钱激励带来的热情无法持久,人们的参与热情慢慢冷却下来。尽管用户能够从这个问答网站中获得金钱,但是这种单纯的经济刺激手段似乎不具备持久的吸引力,除非金钱奖赏能够持续不断地提升,但那最终会超出网站的承受能力。

在 Mahalo 的成长瓶颈期，另一家问答网站看到了机会。2009 年，Facebook 前雇员查理·切沃和亚当·安捷罗成立了一家名为 Quora 的网站。查理·切沃和亚当·安捷罗都是做社交网站出身的，深谙人的社交天性。

Quora 这个词就是由 quorum 派生而来，quorum 有仲裁、法定人数等含义。由此可以看出，从一开始，Quora 的创始人就为它设定了社交基因。这也告诉我们，Quora 网站对于答案的判定是靠网民投票决定的，而不是靠提问者最终决定。

Quora 作为一个社交型问答网站，综合了 Twitter 的粉丝功能、维基百科的协作编辑、Digg 的用户投票等模式，因此能够很快收获成功。有别于 Mahalo 的是，Quora 没有给提交答案者奖励过一分钱。但人们仍对 Quora 表现出极大的热情，尽管 Mahalo 给人们提供了现金奖励。

Mahalo 的创始人显然是把"问答"视为一个供需市场，觉得给答主提供金钱奖励，可以增强他们的积极性。毕竟，谁不喜欢钱呢？

但是，从刚需角度来讲，纯粹解惑型的有偿问答并不是一个高频的需求场景，反而是那些免费的、带有互动、讨论意味的问答出现的次数最多。很多时候，问题（话题）本身甚至比后面的解答更有价值。

此外，人不仅是经济动物，还是社会动物。Mahalo 的创始人对于人性只猜对了一半。Mahalo 的创始人最终发现，人们访问 Quora 网站并不是为了获取金钱，而是为了获得一种叫社交货币的东西。

Mahalo 的金钱激励模式触发的只是人们内心中想要获得金钱的欲望。但是这种金钱激励并不足以带动人们持续的积极性，因为收入和付出常常不成正比。Quora 触发的是人们内心中一种比较好的体验，如众人点赞、粉丝增加、游戏晋级等给人带来的愉悦感远比那点儿奖金更诱人。

Quora 设计者设计的投票系统可以让用户对满意的答案投出赞成票，从而建立起一套稳定的社交反馈机制。比起 Mahalo 的真实货币，Quora 的社交货币更有吸引力。

Quora 之所以能成功，是因为它对人性有更准确的理解。事实证明，人们对于社交货币的渴望要大于对真实货币的期待。这也是知乎能够成功复制 Quora 模式的根本原因。

3. 社交本币

社交货币理论是内容营销的精髓。人们传统的营销思路是，做好软文发布，与媒体搞好关系，就能把商品推广出去。但现在，游戏规则已经变了，你如果能做出足够好的内容，铸造出社交货币，媒体会自动找上门来，或者免费帮你做宣传。

八卦、小道消息、传说、养生秘诀都可以成为人际沟通的润滑剂。QQ、微信、微博等都可以成为展示自我的工具。这些已经成为人际沟通的"软通货"，可以在人际关系网中流通。

我们对社交货币这个概念再深入推导一下，就可以得出社交本币的概念。社交本币并非严格的货币银行学概念，而是为区分不同平台畅销内容的特质而提出的。本币指的是某个国家或地区法定的货币,除了法定货币之外的货币都不能在这个国家流通。

一般情况下,在不同的社交媒体平台上,受欢迎的文章的风格是完全不同的。人们在不同的社交媒体平台上,需要呈现不同的自我形象。可以说,正确理解这一点是制造爆款文章的第一步。

一则反映深层社会问题的新闻报道能引爆微博,但不一定能引爆微信朋友圈。当这篇新闻报道发在微博上的时候,人们能够在此探讨人性、制度等问题。而当这篇新闻报道发在朋友圈时,人们则会因为它太沉重而不愿意去打开或者深度阅读。

我们还可以发现,一个白天在微信朋友圈里发照片的"傻白甜",可能晚上就变成微博上的女权主义者;一个五分钟前还在微信朋友圈转发"心灵鸡汤"的"文艺男",可能一转身就变成微博上的公共知识分子。

我们不用去分析这些人的社交心理,只要知道他们其实在做同一件事——铸造社交货币就行了。

在不同性质的社交媒体平台上,人们用的社交本币是不一样的。有的社交媒体是基于熟人社交，比如，微信朋友圈。在这里，我们要面对自己的家人、上司、同事、同学、朋友等，不方便在此发表一些容易引起争论的东西，所以在这里呈现的也多是自己的"宴会型人格"。

而有些社交媒体，则是基于陌生人社交，比如，微博、微信公众号。在这些平台上，我们好像立身于一个大广场中，大家争相发表自己的观点，呈现的也多是自己的"广场型人格"。

尽管平台与平台之间可以互相导流，但每个平台的传播潜规则大相径庭。它们之间的社交货币的差别，就像不同国家使用的不同的本币一样。

社交 + 营销的演化

互惠是人类的本能，小到孩童之间的交往，大到国家之间的往来，无不彰显互惠原则之奥妙。根据亚当·斯密的考证，互惠和信任是市场原始的形态。

将社交与营销结合起来，是人类的本能。

1."网红经济"的变现

每个成功的网络红人，都是能持续为网民提供有养分的资讯的人。

如果一个网络红人陪伴我们很久，但我们又没有相应的美貌、才华、幽默感、故事、勇气等回报他，我们只好去打赏他或者买点他的商品。或者，当他向我们推荐东西时，我们偿还他一个信任他的机会。

打赏之所以可行，是因为我们大部分人都是受互惠法则支配的。我们在电视上看过很多卖艺的场面，不论是表演杂技还是武术，都是先表演完再请观众打赏。这种打赏，其实就是一种互惠。

在中国，网络文学最先把这种快要被遗忘的商业模式给"拾"了起来。网络写手们在各种网站上写东西，读者看完后觉得好，可以打赏一些钱，给多给少完全取决于读者的意愿。然后，网站与写手按比例分这些赏金。

打赏是继会员付费、包月以及道具收费后的又一个面对个人用户的切实可行的商业模式。网络秀场、微博、微信都或多或少地采用了打赏这种商业模式。

2. 社群营销和社交电商

如今，大行于世的社交网络、社群营销是人们对社会关系的模仿。尽管这种模仿很粗糙，却依然具有很强的吸引力。如果你创造的内容能在社交网络流传，你就能获得一定的名声或其他好处。

由于社交型奖赏的存在，人们对社交媒体也有一种"瘾头"。小米有一个大约20人的微博核心团队，负责微博营销。此外小米还组织了400个非外包的技术人员和售后服务人员，专门在网上回答问题以及与网友互动。

雷军本人也亲自上阵写微博，每天都更新。通过这种低成本、高效率的营销手段，小米刚创立不久就具有了较好的口碑。通过"玩"微博，小米第一年就在网上卖掉了几百万台手机。

社交媒体的勃兴，逐渐演化出了一种名为"社交电商"的新物种。随着线上、线下融合趋势的日益凸显，传统电商已经不能顺应时代的发展，而社交电商正逐渐占据市场。比较典型的是以拼多多为代表的分享社交电商。

正所谓"先做朋友，再做生意"。社交电商——无论你有多厌恶这个带有功利性的概念，但社交与成交的关系一直都存在。我们谈及个人 IP 时，总会第一时间想到网络红人、网络主播。其实，社交电商才是最直接的个人 IP 变现形式。

第 *10* 章

稀缺之美

——特权、匮乏与附庸风雅

漂亮却不昂贵的东西就不能算是漂亮。

—— 托斯丹·凡勃伦

我们对稀罕商品本能的占有欲,直接反映了人类的演化史。

—— 罗伯特·西奥迪尼

我们为什么会迷恋奢侈品呢?因为奢侈品之于我们是一种人造的稀缺资源,我们会体验到因为拥有稀缺资源而带来的快感。奢侈品能够给我们提供一种"晋级型犒赏"。

人人平等与身份焦虑

在所有动物群体中,灵长目动物群体的等级最为森严,如猕猴、黑猩猩等都过着等级森严的群居生活。研究发现,一群黑猩猩捕到猎物后并不是平均分食,而是由领头的黑猩猩先吃,次强的黑猩猩分食剩下的部分,其余的黑猩猩再吃剩下的食物残渣。

传统理论认为，原始社会不存在等级观念和贫富差距。但根据对内蒙古赤峰的红山文化考古研究发现，原始社会中已存在着严格的等级制度划分。然而，作为万物之灵长的人类的等级制度更为森严。人对等级的迷恋，接近狂热，而且人们普遍地迷恋权力和地位。这就不难理解人们为什么会迷恋奢侈品了。

我曾看过一个纪录片，在下雪的冬天，日本猕猴的猴王和它的"近臣"在温泉里泡澡取暖，其他的猴子只能在岸上迎着风雪挨冻，眼巴巴地看着猴王及"近臣"在温泉里逍遥快活。其实，温泉里还有很大的空间，足以让所有的猴子都能取暖。

《影响力》的作者罗伯特·西奥迪尼认为："我们对稀罕商品本能的占有欲，直接反映了人类的演化史。"那么到底反映了什么样的演化史呢？

我猜想可能是这样的：那些拥有特权的猴子，肯定拥有更多的进食特权，更多的交配特权，进而也会拥有更高的生存率，于是它们身体中的这种基因就得到更为广泛的传播。而那些没有特权的猴子，就算没有绝种，也会留下痛苦的记忆。于是，经过一代又一代的发展，猴子身上就会演化出一种迷恋特权的本能。

如果这个猜想成立，那么追求特权的心理其实早已固化在我们的基因里，成为一种非理性的原始本能。于是，我们开始疯狂地追求优越感，要吃好的，住好的，穿好的。

人无我有才叫优越。这可能就是我们迷恋奢侈品的原因。理论上讲，人生而平等。然而，社会有阶层，阶层又有圈子，圈子还具有排外性。人们有时候可能是在利用奢侈品"贩卖"等级身份。

在封建社会，人们被士农工商的阶层制度划分得很清楚。在强调人人平等的现代，一些人对自己身份、地位的焦虑并没有随时代的进步而消除。

在漫长的封建时代，人们生活在一个金字塔式的层级社会中，人们的社会阶层被划分得很清楚。但人们骨子里还是希望自己的阶层能够不断上升。塔尖上的人害怕掉下来，于是坚决强调与捍卫自己的特权。塔中部的人希望往上爬，获得更高阶层的接纳。塔底部的人也想尽一切方法维持着自己的体面，害怕跌落到更加困窘的地步。

于是，人们就在奢侈品上暗自较劲。人们购买奢侈品，其实就是在购买一种"晋级勋章"，以此缓解自己的身份焦虑。

一些专家认为，日本消费者喜欢买奢侈品，这背后还有更深层的社会学因素。

在日本，曾经流行一个"一亿总中流"的说法，不少日本国民认为，日本是一个无阶级的社会，85%的日本人将自己定位在中产阶级。此外，日本人以全民一致为荣。从行为营销学的角度看，通过穿戴带商标的奢侈品，就如同给自己贴上了标签和认证标志，能够让自己快速融入社会群体中，达到"合群"的社会要求。

稀缺效应

大约40年前，心理学家斯蒂芬·沃切尔进行了一项实验，他将两个相同的玻璃罐摆在被测试者面前，然后向其中一个罐子里装10块饼干，另一个罐子里装2块饼干。他想知道人们会更珍惜哪一个罐子里的饼干。

其实，两个罐子里装的饼干是一个牌子的，玻璃罐也一模一样，但被测试者显然更珍惜装2块饼干的那一罐里的饼干。

正所谓物以稀为贵，量的多少影响着被测试者对饼干的价值判断。装2块饼干的饼干罐意味着饼干已经变成了稀缺品。稀缺会传递出一种信号，让人有一种错觉，认为这种东西较少，所以更显珍贵。所以说，稀缺会改变人们的判断标准，增加对一件事物的价值预期，这就是稀缺效应。

后来，斯蒂芬·沃切尔想要知道，如果饼干的数量突然增加或减少，被测试者对饼干的价值判断是否会发生改变。于是，他又在几组被测试者面前分别摆放好装着10块饼干和2块饼干的玻璃罐。接下来，他从装有10块饼干的罐中拿走8块，放入只有2块饼干的罐子里。他想看看，这一改变是否会影响被测试者的判断。

结果表明，稀缺效应依然存在。人们会更加珍惜突然变少的那罐饼干，而对突然增多的那罐饼干满不在乎。事实上，面对突然增多的饼干，人们做出的价值判断比一开始就被分到 10 块饼干时的价值判断还要低。

人们对稀缺性的东西比较关注，这是奢侈品营销的一个关键点。

特权效应

腾讯 QQ 会根据用户在线时长，把用户划分为不同等级，给予不同的特权。而移动通信公司，也会根据用户入网时长，把用户分为不同的等级，给予不同的优惠。

如果不是明确规定，奢侈品专卖店一定不会明码标价。即便不得不明码标价，也会把价格标签以及价格标签上的字尽量设计得小一点。

如果顾客对奢侈品感兴趣，就会询问店员商品的价格，此时，店员会非常有礼貌地给予回答，那么这件商品的成交可能性将会增大。如果顾客对这件奢侈品不感兴趣或者没有钱购买，那么他们就不会主动询问店员商品的价格，这样就等于把没有购买力的顾客屏蔽在外了。

除了把愿意购买的顾客和不愿意购买的顾客区分开，奢侈品销售商还会把购买力强的顾客和购买力弱的顾客区分开。比如，LVMH集团会在有些国家设立私人俱乐部，只允许代表时尚的富人加入。

势利眼和等级歧视是存在的，而且由来已久。出人头地，就是我们的动力；享受特权，乃是我们的欲望。特权对人的吸引力，并不亚于金钱。哪怕是在一个虚拟的游戏社区里，虚拟权力的诱惑同样令游戏者向往。

网上有一个名叫 Steemit 的区块链社区，该社区还设计了一种能赋予特权的代币，名叫 Steem Power，简称 SP。它是衡量一个人在 Steemit 社区影响力的一种代币。

一个人拥有的 SP 越多，他就越能够影响别人的文章的价值。一个高 SP 者给你点赞或评论，会使你的文章被赋予更多的价值和权重。

这种营销模式也被某些中文内容平台借鉴。在内容创作者之间，流传着一种说法叫"点赞即转发"，也就是说，你发的内容如果被某个"大V"点赞了，就像是被这位"大V"转发了一样，会被他的粉丝看到。

这种特权感让大V们的点赞行为也变得"矜持"了。鉴于此，"特权阶层"还自发联合起来，建立各种"万粉群""十万粉群"，因为同等级的"大V"之间互相点赞，才不会觉得吃亏。

匮乏至关重要

匮乏会导致欲望。有的人会在欲望的阶梯上攀登，以便达到他们的目的。哲学家巴尔塔沙·葛拉西安曾说："匮乏状态使人产生欲望，利用这种欲望去控制别人，十拿九稳。"

哲学家们说"匮乏",算不了什么,政治家们说"匮乏",则至关重要。政治家能够看穿别人的匮乏状态,用制造困境来刺激这些人的欲望。他们发现,匮乏带来的刺激强于富有带来的刺激。情势越艰难,欲望越强烈。

齐桓公曾问管仲:"怎样才能跟上时代潮流?"管仲回答:"最好的办法莫过于搞好奢侈经济。"管仲很推崇珠玉之类的奢侈品,认为它们甚至比黄金、钱币之类的东西对国家更有用。以管仲的地位(齐桓公尊他为仲父),他完全可以视珠玉为粪土,但是,管仲却表现得像个暴发户一样,身上总是戴着珠玉等饰品。不知道他是真的喜欢这些东西,还是用来作秀的。管仲的生活非常奢侈,从国家统治利益着眼,这其实是一种很高明的增加国库收入的方法。

管仲喜欢穿珠戴玉,齐国人都会跟风。但这些珠玉又大都被国家垄断,所以人们为了获得珠玉就会购买,那么大部分的金钱又会流向国库。管仲深知,珠宝玉石,饥不能食,寒不能衣,但这是他进行"货币战争"的利器。

后来,管仲建议齐桓公占领阴里这个地方,因为这个地方能出产一种玉石，这种玉石造的玉璧曾经被周天子拿来祭祀宗庙。于是，齐桓公下令将此处团团围住，让玉工在阴里制作玉璧。在管仲的建议下，齐桓公"尊天子以令诸侯"。管仲借周天子之口宣布：照传统礼仪，必须带着玉璧，才能进太庙祭祀。

此时，天下诸侯繁衍了几百年，具有贵族血统的人越来越多。但是，如果没有阴里玉璧，即使有贵族血统也不能进太庙祭祀，就得不到身份的认证，就会产生"身份的焦虑"。

天下诸侯都没有阴里玉璧，阴里又被齐桓公重兵把守，诸侯只好掏钱买。于是，诸侯的钱都纷纷进了齐国的国库。管仲把奢侈品的生产和销售当作重要工作来抓，这其实是处理国家与民众利益分配关系的一种上等模式。

奢侈品还是平衡国民收入的一种手段。其实，在管仲看来，购买奢侈品就是缴纳收入调节税。奢侈品也是一种税收调节工具，是让富裕阶层乖乖缴税的神器。

"攀龙附凤"

金字塔上层的人的穿着,就是时尚的风向标。

《齐桓公好服紫》是中国古代的一则寓言故事,说的是齐桓公喜欢穿紫色的衣服,齐国都城里的人便都穿紫色的衣服。于是,齐国的一些布商就把库存的白帛染成紫帛,涨价十倍卖出,依然脱销。

齐桓公对此很苦恼,问管仲怎么办。管仲说:"你只要不再穿紫衣,再公开表示对紫衣的厌倦,就可以了。"

管仲认为,奢侈风尚的第一源头是宫廷。宫廷是财富、权柄、荣誉的最高点,也是社会风尚的发源地和风向标。所以,读懂了宫廷文化对经济的影响,就抓住了奢侈品营销的关键。

现代意义上的奢侈品起源于15世纪末的欧洲宫廷。那时,宫廷中有专门的服饰工匠为王室、贵族成员服务。我们今天看到的许多奢侈品牌,如路易·威登、爱马仕、卡地亚等,其实都是当年的匠人为王室制造的。

在欧洲,伴随着工业革命的发展,资产阶级兴起,原有的等级结构难再维系，新兴资产阶级只要花钱就可以买到爵位。这个时候，老贵族要强调他们昔日的荣耀，资产阶级新贵要证明自己配得上刚刚挤进去的那个上流社会，中产阶级则努力成为合格的绅士和淑女。

财富新贵们的目标是被老贵族们接纳和认可，所以他们买到爵位后的第一件事就是在穿戴上向老贵族们看齐。于是，手工制品作坊就成了时尚产业的源头。原来为王室提供服务的工匠制作的服饰，成为非富即贵的标志。

一直到19世纪末，很多奢侈品依然是贵族与名门的专属。爱马仕这个品牌诞生于19世纪，最初是一个家族作坊，是为王室生产鞍具起家的。所谓的奢侈品，都有着或真或假的品牌传说，这些传说大多附会于皇权。

甚至到1957年，"现代时尚之父"克里斯汀·迪奥在接受媒体采访时，依然坚持认为，时尚奢侈品是特权阶层的最后避难所，"应该被小心翼翼地捍卫"。

奢侈品运营的一个基本策略就是"攀龙附凤"，把奢侈品与宫廷或大政治家建立某种情感的关联，进而对大众进行"情感印刻"。

将现代奢侈品营销带入一个新境界的人，乃是进化论奠基人达尔文的外公——乔赛亚·威基伍德。他充分挖掘了奢侈品的商业价值，将奢侈品向大众营销。后世奢侈品产业的营销方法，从未超越此套窠臼。

那时候，中国产的瓷器在英国是一种奢侈品。英国王室的御用瓷器，多是从中国进口的。在英国人看来，只有中国生产的瓷器才算正宗。这就像今天的中国人非要买欧洲品牌的皮具一样，尽管很多皮具都是在中国生产的，只是贴上了欧洲的商标而已。

英国资产阶级革命后，确立了君主立宪政体，英国王室依然保留，贵族阶层依旧存在。但王室不再像以前那么风光，购买力也有所减弱。这个时候，他们开始购买一些本国出产的瓷器。王室之所以愿意用"国货"，都是冲着便宜去的。

王室的人都是一帮难伺候的主儿，他们眼界高，挑剔。由于王室人数少，因此订单的量也小，难以进行规模化生产。所以，英国的瓷器生产商都不愿接他们的订单。

这时，只有乔赛亚·威基伍德愿意接受这种订单。作为交换条件，王室特许乔赛亚·威基伍德可以大批量生产这种专供王室用的瓷器。并且，王室还特许他把"皇后御用"的落款打在瓷器的底部。王室采购之后剩余的瓷器，乔赛亚·威基伍德才可以向一般大众出售。

这等于王室免费为他做了权威"背书"。乔赛亚·威基伍德制作的这批瓷器，在向王室交完货后，开始以超高价格向公众出售。这个时候，他的瓷器遭到了疯抢。整个欧洲，不管是达官贵人还是新富阶层，都以能拥有一套英国王室御用的瓷器宴客为荣。

有了英国王室的代言，乔赛亚·威基伍德的生意蒸蒸日上。现在，他生产的瓷器，定价比很多中国产的瓷器都高。

"借尸还魂"

20世纪60年代，西方爆发了左派学潮，追求平等成为主流价值观。此时，奢侈品被很多人认为是一种腐朽没落的东西，于是这种区分富人与穷人的"符号"开始被消解。

如今风头很劲的几大奢侈品牌，都曾有过一段灰暗的岁月，甚至一度徘徊在倒闭的边缘。

20世纪80年代，美国的精英制度进入全盛时期，随着新富阶层的崛起，"自由"的风头盖过了"平等"，代表昔日荣耀的奢侈品又卷土重来。

资本家从中窥见商机，收购、兼并了一批历史上曾经为王室加工服饰的手工作坊和家族企业，并形成了以LVMH为代表的奢侈品集团。历史文化底蕴是资本家收购它们的价值所在，欧美的奢侈品买家都是冲着这个昔日旧梦去的。

资本让这些老朽的品牌起死回生。20世纪60年代已经没落的宝玑表，在被Swatch集团收购后，开始控制高级机芯的供货渠道，大力发掘品牌历史——搬出拿破仑和丘吉尔。甚至以195万法郎购回一块1808年生产的陀飞轮表，不惜花巨资建立了一座宝玑表博物馆。

经过一番轰轰烈烈的品牌造神运动，宝玑表重树了奢侈品的品牌形象。

通过现代化的营销、公关手段，原来的家庭作坊被整齐划一的专卖店所代替。一些复杂、难以记忆的品牌名字，也被简化为易于记忆和传播的名字，比如，Burberrys 被简写为 Burberry，克里斯汀·迪奥简称为迪奥。

在资本的加持下，营销的推动下，原来的奢侈品家庭作坊，迅速成为开遍全球各大都市的连锁店。

喜欢奢侈品是人的一种天性。改革开放后，一些先富起来的人会购置一些明清老式家具，来标榜自己的品位。人性中的附庸风雅，以及摆阔的冲动会成为一股强大的消费力量。老朽的奢侈品牌终于等到了"咸鱼翻身"的机会。

"附庸风雅"

封建时代一去不复返，宫廷已经不是唯一的奢侈品、时尚的发源地了。如今，各个领域都有影响力强大的"无冕的王者"。政治家已经不是人们模仿的唯一对象。文化、体育、经济等领域各有精英翘楚，皆能引领风骚。

天青石是一种价格很便宜的矿石，每吨价格不超过1000元。自从"歌坛天后"王菲被媒体拍到戴有天青石的手链后，这种矿石制作的手链立刻身价翻倍。

奢侈品牌"捆绑"超级巨星、大牌设计师、艺术界翘楚，不过是为了"讲故事"，这是一种公关手段。

一些品牌如范思哲、香奈儿、马克·雅可布等，都是通过名人"背书"效应成为奢侈品牌的。还有一些奢侈品牌的创始人本身就是著名设计师，是很善于打名人牌的公关高手，又有很多名人人脉。比如，香奈儿的朋友中就不乏毕加索之类的文化精英。

奢侈品运营商还把自己的商品自诩为"文化和创意产业"。奢侈品运营商会延聘合适的设计师，用高雅艺术为商品镀金。比如，LV聘请日本艺术家村上隆等设计产品。此外，LV还经常租用大型博物馆的场地，开办以自己品牌冠名的奢侈品艺术展览。

奢侈品的主要运作方式：发掘历史，追寻这种品牌昔日的荣耀；突出特质，寻找合适的设计师；利用资本推动以及强势媒体，包装推广。利用这种方法，LVMH奢侈品集团的掌门人伯纳德·阿诺特成功拯救了一批行将就木的奢侈品牌。

从这个意义上讲，几乎所有品类的日用品都能通过"攀龙附凤"或者"附庸风雅"的方法打造成奢侈品。

有一种名叫 Moleskine（鼹鼠皮）品牌的笔记本，是笔记本中的"爱马仕"。一个小小的纯白色笔记本，标价 180 元人民币。它的卖点是反复给消费者讲同一个故事：

两个世纪以来，文森特·凡·高、巴勃罗·毕加索、欧尼斯特·海明威及布鲁斯·查特文等艺术家及思想家，都用这种笔记本。文森特·凡·高居住在巴黎期间，先后用过 7 本 Moleskine 笔记本，内里全部记载着的手绘草图……

第 *11* 章

奢侈成性

——体面与暗涌的欲望

时尚，一切都是为了性。

——汤姆·福特

哲学家们说匮乏算不了什么，政治家们则说匮乏至关重要，后者说得对。

——巴尔塔沙·葛拉西安

性联想会对我们的大脑进行奖赏。研究表明，当赌博者赢了钱，或男性看到性感美女的图片时，大脑伏隔核中多巴胺的分泌量会增多。然而，无论是东方还是西方，用"性"来赢得商业利益或政治利益都是主流价值观不认可的。

性、奢侈与资本主义

雄性动物通过展示力量来求偶，男人也是雄性动物。一个男人喜欢一个女人，会不由自主地做出一些浮夸的行为，来俘获女人的芳心。

德国学者维尔纳·桑巴特指出，如果一个地方的GDP提高了，性观念又恰好开放了，这个地方的奢侈现象就会变得特别严重。女人对物质有无止境的欲望，男人对女人有无止境的欲望，财富和自由满足了各种欲望，进而催生了奢侈之风。

随着中世纪宗教禁欲主义的消退，欧洲人的性观念越来越开放，这导致了大量婚外情的出现。到了16世纪，这一现象更为严重。这一时期，年轻男子急切渴求英勇的"冒险"，这种冒险与其说是出于生理需要，不如说是为了展现性能力。

社会上如此，宫廷尤甚。大部分贵族都开始养情妇，他们花在情妇身上的钱，甚至超过了花在正室和自己身上的钱。

在维尔纳·桑巴特看来，工业并不是大都市繁荣的内在动力，浮夸、虚荣和奢侈才是资本主义发展的原动力。五星级酒店、歌剧院的产生，以及各种美食的流行，欲望在其中起到了一定的催化作用。

资本主义很可能起源于奢侈消费。较早发展资本主义的大城市基本上都是消费型城市，比如巴黎、米兰、马德里。

视觉刺激影响购买决策

实验证明，男性顾客更愿意购买包装上印有"辣妹"图片的商品。如果在一个男人面前展示一张女人的性感图片，他的消费欲望就会明显上升，而且对价格也就不那么在乎了。

国外的一项研究发现，汽车广告中出现年轻漂亮的女模特与不出现年轻漂亮的女模特相比，男性往往会觉得前一个广告中的汽车更好。但事后问及此事，男性拒绝承认广告中的年轻漂亮的女模特影响了他们的判断。

穆拉内森是哈佛大学教授兼顶级行为经济学家，2003年，他组织了一个研究小组，做了一次极为大胆的实验。穆拉内森得到南非某大型银行的许可，在垃圾贷款推销邮件中做了一点改动。

穆拉内森测试了在邮件中附加照片的效果。他们从图库中找出有魅力的人的照片，放在邮件的右下角靠签名的旁边。这含蓄地暗示，照片上的人是一名银行职员，说不定这封信就是他（她）写的。

有一半照片是男性的，另一半是女性的。一部分客户收到的邮件中的照片跟自己同一性别，另一部分客户收到的则是异性的照片。由于种族也是南非社会中普遍存在的一个社会因素，因此他们也测试了这一点。

大家都知道，客户接受低利率贷款的可能性要比高利率贷款的可能性大。通过跟踪客户对特定邮件的反应，研究人员发现，性别是有影响的，种族则不然。更严格地说，性别效应明显存在于男性客户中。

在高利贷邮件中，如果信件中有女性的照片，男性客户会更容易接受贷款。而对于女性客户来说，有没有照片，基本没有什么影响。

利用性感营销好比玩火

营销史上最早玩性感营销的是麦当劳，恐怕绝大多数人都不知道这件事。有一段时间，麦当劳雇用了大批女服务员派送食品，这些女服务员都很性感。于是很多青少年受这些性感女服务员的吸引，成了麦当劳的常客。

这些荷尔蒙过剩的青少年兜里没有几个钱，惹是生非却非常在行。他们划定势力范围，不仅赶走了成年男性顾客，还把那些不愿受他们骚扰的女性顾客吓跑。无奈之下，麦当劳只好解雇了那些性感的女服务员。

不仅麦当劳，甚至连可口可乐也曾用妖艳的女郎做海报宣传，但这种宣传方式，最终被可口可乐公司明文禁止了。如果性感营销真的是利大于弊，或许它早就该大行于世了。但事实并非如此。

当然，在公序良俗的红线内，有些商品的营销还是适合走性感路线的，比如，"维多利亚的秘密"内衣广告，就使用了美艳的女性模特。"维多利亚的秘密"内衣的广告商已经将性感营销提升了一个层次，它的广告风格常常是介于性感与艺术之间。

性感营销适用于内衣、车等商品，却也不乏铩羽而归的案例。

1. 谨慎使用性感营销

汤姆·福特曾说:"时尚,一切都是为了性。"

1968 年,时装设计师卡尔文·克莱因创造 Calvin Klein 品牌(以下简称 CK)而出名。CK 是较早将性感与时尚相结合的一个品牌。CK 创立之初,曾邀请性感女星波姬·小丝做代言。广告中,年仅 15 岁的波姬·小丝用魅惑的音调说:"我和我的 CK 牛仔裤之间零距离。"

这句广告词其实是受香奈儿五号香水的启发。当年,女星玛丽莲·梦露的一句"我只滴几滴香奈儿五号",就大大提升了这款香水的销量。"我和我的 CK 牛仔裤之间零距离"与"我只滴几滴香奈儿五号"一样,总能让人浮想联翩。

"我和我的 CK 牛仔裤之间零距离"旨在表现 CK 牛仔裤的柔软性和舒适性,但其传达出相当多的情色意味。这则广告之后,CK 牛仔裤的每月销量超过了 200 万条,CK 品牌迅速崛起。在尝到性感营销的甜头后,CK 在这条路上越走越远。

1968—1984 年,CK 邀请性感明星做广告的花费已经达到每年10亿美元。这些带有煽动性的广告，最终激起了公愤。公司代言人波姬·小丝甚至遭到了部分主流媒体的封杀。但是，CK的销量不降反升。

1995年，CK决定冒险一搏，进一步突破广告的尺度，推出了一系列接近于情色的广告。这种挑战公序良俗的行为，彻底激怒了美国公众。美国家庭联合会呼吁美国的各大零售商，不要再出售CK服饰。美国司法部也对CK进行了立案调查。

于是，CK停播了广告，通过一系列的公关活动进行辩解。但是，CK仍然"死性不改"。因为它的品牌调性已经确定，可以说，不走性感路线，CK就不是CK了。可以说，性感营销就是"玩火"，成也萧何，败也萧何。但并不是所有的商品都适合走性感路线。

2. 性感营销不是长久之计

Abercrombie & Fitch（以下简称AF）是一个靠性感营销

搏出位的美式服装品牌，它崇尚学院风，推崇舒适、自然、野性，给人一种放荡不羁的感觉。

当你走进一家AF店铺时，你会发现店铺四面的墙壁上都是穿着热裤、露出六块结实腹肌的男模，而且店铺里的售货员都很漂亮、性感。AF相信，性感的人会吸引更多性感的人。

店长会花费大量的时间在本地院校的兄弟会、姐妹会、运动社团中搜寻长得好看的年轻人做店员，候选人名单还要交到总部审核。AF不卖XL或XXL等大码女装，因为AF坚持以瘦为美。可以说，AF承载了20世纪90年代美国青少年关于"酷"的全部幻想。

性感营销或许对处于青春期的男孩子比较有吸引力。但能够触发某些人消费行为动机的东西未必适用于另一些人。麦当劳曾经通过性感女服务员吸引了大批社会青年，但这让其他消费群体感到尴尬。所以AF的有些做法引起了父母们的抱怨。

后来，AF慢慢开始衰退。到2015年，AF的销售额连续12个季度出现下滑。这个成长迅速、坐拥庞大粉丝群体的品牌连续遭遇盈利下滑后，也不得不抛弃过去赖以生存的营销策略。

AF决定停止性感营销，并进行一次大的品牌调性变革。AF品牌商决定将全部的注意力用在产品、客户体验以及流行趋势上面。移动互联网时代，信息流通的壁垒被打破，"性感"对于青少年的吸引力也有所下降。

AF营销策略的转变，是出于"盘活存量，守住基本盘"的考量。当年对该品牌青睐的青少年已长大，他们曾经认为"酷"的风格，已经不再适合他们。所以，AF的当务之急是挽回当年的老客户，如此才有活下去的机会。

在其新推出的广告里，所有的模特都不再穿着暴露，且都露出灿烂的笑容，画面中有乡村公路、湖边小屋等场景，暗示着一种成熟、内敛的调性。广告中的一切都似乎在向顾客传达AF不再是"叛逆的青少年"，未来会是一个成熟的品牌。

有些人放弃了性感，有些人还在坚守。坚守者要在创新上下足功夫。

以"肥胖性感"著称的泰斯·霍丽迪，是登上意大利VOGUE杂志的大码模特。她之所以在社交媒体上成功吸睛并获得品牌代言，是因为她恰好迎合了年轻女性长期以来对于"纸片人"模特的反感。

以性感著称的内衣品牌"维多利亚的秘密"也推出了"运动也可以性感"的运动内衣,代表着对"性感"概念的重新诠释。

2011 年,《花花公子》为了能够进入 Facebook、Instagram 和 Twitter 等社交媒体平台,已经对部分内容进行了处理。经过处理后的《花花公子》杂志的内容更干净,更具有现代化的风格。

《花花公子》的负责人解释道,当所有人都能在互联网上轻松找到性感的图片的时候,《花花公子》没有必要继续承担这项任务,可以把精力放在那些受众更广的领域上。

当《花花公子》已经拼命给自己的模特"穿上衣服",当"维多利亚的秘密"、AF 等把性感营销玩得最溜的服装品牌都纷纷改变营销策略的时候,一切都说明性感营销并不是长久之计。

第 *12* 章

瘾品秘辛

——秘方、风味与娱乐

我们的目标，仅仅是给世界各地的消费者提供快乐。

—— 唐纳德·基奥

可口可乐 99.61% 是碳酸、糖浆和水。如果不进行广告宣传，那还有谁会选它呢？

—— 罗伯特·伍德拉夫

有人说，想要研究企业惯用的成瘾模式，只需观察两个集大成的行业——游戏行业与食品行业，即可。所谓瘾品，是指食用后可以产生依赖性，成瘾度低于毒品的消耗物。烟、酒、茶、咖啡、槟榔，甚至辣椒、糖、盐都可以归纳到瘾品的范畴中。

成瘾性与投资护城河

消费者行为学专家帕科·昂德希尔在《顾客为什么购买》一书中说："食品行业（含饮料）是冲动消费发生率最

高的行业，冲动消费在这里占到60%—70%。"

超市货架上的食品有很多种，大致可以归纳为以下几类：高糖的、高盐的、高脂的、麻辣的等。这些食品不过是花样百出地利用了糖、盐、油、辣椒等来刺激人们大脑的奖励中枢，诱导人们购买。

我们之所以会购买这些重口味的食品，不全是为了果腹，也可能是为了追求咸、甜、鲜、辣的味觉刺激，进而让人产生快乐的感觉。

墨尔本大学的德里克·登顿教授认为：人对盐的本能需求会促使大脑生成与对鸦片和可卡因上瘾的同样的神经结构。

巴菲特曾坦言，自己最满意的投资是喜诗糖果。为了推广自己所投资的瘾品——可口可乐和喜诗糖果，巴菲特自称每天都喝大量的可口可乐，吃很多喜诗糖果，但是自己的身体依然很好。

100多年前，约翰·彭博顿深信自己发明的可口可乐一定能大卖。虽然他未能在有生之年亲眼看见自己的发明畅销全球，但在他死后，他的愿望实现了。

曾经，无论是在城市还是在乡村，我们总能看到卖秘方药的广告。这其中也许有一些确实能治病，但大部分是利用了人们"病急乱投医"的心理才得以存在的。

100多年前的美国，也有过类似繁荣的"野药经济"。那时，美国的医患关系很紧张，医院流行"放血疗法"，或者直接用鸦片给患者治病。因而患者普遍不信任医生，各种家传秘方、偏方大行其道，美国政府也乐意为这些家传秘方、偏方登记专利。

外来的和尚好念经。那时在美国最流行的一种神奇野药是来自法国的一位名叫马利安尼的江湖郎中制作的药酒。据说，罗马教皇晚年常喝他的药酒，最后活到了93岁。这种药酒被称为"马利安尼酒"，主要成分是古柯叶。古柯叶可以提炼可卡因。

"马利安尼酒"流行后，美国市场上出现了很多山寨货，有些山寨货甚至做得比原版更有效。因为模仿者干脆不放古柯叶，而是直接往酒里面放提纯后的可卡因，所以药效更强。

当时，人们还没有意识到可卡因的危害，甚至普遍把它当作一种良药。这个时候,南北战争中负过伤的老兵约翰·彭博顿登场了。这个昔日的南方老兵已经选择遗忘对"北方佬"的仇恨,想办法赚他们的钱才是自己最想做的事。

约翰·彭博顿曾在战争中受过重伤,为了缓解疼痛,他染上了毒瘾,所以他对各种成瘾性物质了如指掌。约翰·彭博顿也是众多希望靠秘方发财的人之一。他尝试发明过几个秘方,并注册了专利,但效果都不好。于是,他把目光瞄准了大受欢迎的"马利安尼酒",决定发明一种比"马利安尼酒"疗效更好的古柯酒。

不幸的是,在约翰·彭博顿的古柯酒研制成功后不久,他所在的城市亚特兰大开始推行禁酒令。约翰·彭博顿不甘心就这样失败,于是又推出了无酒精的饮品。

这种饮品去除了酒精成分,添加了一些蔗糖,又加入了一些具有异域风味的香料,比如,中国的肉桂、非洲的可乐籽。这款饮品就是最早的可口可乐。约翰·彭博顿宣称可口可乐可以治愈头疼、胃痉挛、失眠、抑郁症等。

最具杀伤力的宣传

约翰·彭博顿虽然有了可口可乐的配方，却没钱量化生产和做营销推广，还需要找合伙人。于是他又找了别人合伙。

约翰·彭博顿本人就是一位瘾君子。为了筹集毒资，他不顾绅士风度和职业操守，开始偷卖公司的股份。约翰·彭博顿偷卖过一次可口可乐的股份，自然就会有第二次。后来约翰·彭博顿以刊登虚假广告为诱饵，先后"钓"了3个企业家。约翰·彭博顿说，只要出价2000美元就可购买可口可乐一半的股份。

于是，可口可乐的股权被拆分得七零八落。股东们厌倦了，为了减少损失，他们又找了一些冤大头，把公司的股份又转让出去一部分。最后，他们找到了一个重度偏头痛患者艾萨·坎德勒。他们说："可口可乐可以治疗你的头疼。"

艾萨·坎德勒又于1888年以550美元的价格购买了约

翰·彭博顿手里剩下的1/3的可口可乐股权，这样他就拥有了可口可乐的全部股权。

其实，艾萨·坎德勒这个人才是可口可乐的"真命天子"。巴菲特在1997年伯克希尔公司股东年会上说："坎德勒基本上只用了2000美元就买下了可口可乐公司。这可能是历史上最精明的一桩买卖。"

艾萨·坎德勒是一个乱世枭雄，他起用了可口可乐公司的一位元老鲁宾逊为经理，让他主管可口可乐的生产经营。可口可乐就是在这两个人手中发扬光大的。

艾萨·坎德勒有着过人的销售天赋。艾萨·坎德勒年轻时做过药店的伙计，在工作中发现了一条规律：顾客一般懒得去退货。于是，他将这条规律运用到极致，对自己的产品大吹特吹，并且承诺"如果不满意可以无条件退款"。

"如果不满意可以无条件退款"这句话最有杀伤力。不管怎么说，可口可乐在提神醒脑方面还是多少有点效果的，最重要的是价格并不太贵，一般人也懒得去退货。

边际递减效应的失灵

在一个蛮荒之地,你饿了3天,这时候有个老先生给你一个烧饼,你很快吃掉了。他又给你一个,你又很快就吃掉了。当你吃掉第二个烧饼的时候,你有了说话的力气,胃感觉好受点了。接着,老先生又给你第三个烧饼,你又吃掉了,这时你感到很满足。过了一会儿,老先生又递给你第四个烧饼,你可能会说:"谢谢,我已经吃得很饱了。"

这个例子说的就是经济学中的边际递减效应。边际递减效应是传统经济学的一个核心概念,然而,"边际递减"难以解释成瘾现象。比如,有人会循环播放某首歌,越听越想听;有人会对某种食品越吃越上瘾。因此,一些企业家很早就开始在瘾品领域进行探索。

当艾萨·坎德勒购买可口可乐的股份时,可口可乐的股权已经十分分散了,其配方也半公开化了,而且坊间至少有10个人可以合法使用此配方。艾萨·坎德勒虽然也打秘方牌，但这时已不再着眼于秘方，而是着眼于味道。

后来，艾萨·坎德勒在约翰·彭博顿提供的可口可乐配方的基础上又加入了一种秘方，即所谓的7X调味料。可口可乐中99%以上的成分来自约翰·彭博顿提供的配方，不到1%的成分来自神秘的7X调味料。

艾萨·坎德勒的营销策略是，你可以掌握可口可乐的主要配方，但影响可口可乐口味的关键配方你不知道。可以说，可口可乐的配方是一个超级配方，之所以称为超级配方，主要是因为加入了7X调味料。

1998年，可口可乐公司的大股东巴菲特，在佛罗里达大学做公开演讲时指出，可口可乐那不到1%调味料的秘密——配方中的1%所产生的神奇效果是——没有味觉记忆！

巴菲特曾说过大意如此的话：其他饮料如甜苏打水、橙汁、汽水等，如果重复饮用会让人对其味道产生麻木感，这是因为边际递减效应会令人对其产生某种厌恶。但是，可口可乐不会让人产生厌恶。在一天里，即使多次喝可口可乐，每一次喝到嘴里的感觉还是很奇妙的。

所以，产品并非仅靠神秘感就能获得消费者的青睐，产能、品牌效应、地面推广、终端控制能力都很关键。但是，如果能为产品增添一点神秘色彩，确实能对产品的营销起到推动作用。所以说，7X调味料是可口可乐成功营销的精髓所在。

很多人都想知道这棕色的嘶嘶冒泡的液体里究竟含有什么物质，为了找到答案，化学家和可口可乐的对手们花费了大量的时间，但仍未探究出其中的奥秘。

可口可乐公司拒绝透露有多少人知道可口可乐的完整配方，一般认为不会超过10个人。如果知情者忘了这一配方，他们必须到佐治亚信托公司去找。因为可口可乐的完整配方存放在该信托公司的保险箱内。

可口可乐的配方一直没有对外公布，为了保密，有一段时间甚至不惜退出印度市场。

将瘾品与娱乐强行挂钩

"周黑鸭"之类食品品牌的崛起,也与瘾品有关。假如没有辣椒这种易成瘾性物质,其销量恐怕会大打折扣。周黑鸭的品牌理念是"会娱乐,更快乐"。快乐才是人类的终极追求。很多时候,人们为了获得快乐,甘愿舍弃钱财和健康。

可口可乐前总裁唐纳德·基奥说:"我们的目标仅仅是给世界各地的消费者提供快乐。"而可口可乐公司的一位广告商则这样说:"广告卖的是幻象,人们喝的不是饮料,而是意境。"

1920—1930年,这一段时间是可口可乐广告的黄金时代。可口可乐公司的广告负责人阿奇·李,从自己4岁的女儿与小伙伴们争抢破旧的玩具泰迪熊这件事上受到启发,并得出了一个结论:吸引顾客的关键不在于产品本身,而在于对它的宣传。

当时社会上流行的营销手段是"恐吓营销",比如,展现难看的皱纹使消费者产生恐惧心理，进而让消费者购买护肤品。然而，阿奇·李却把可口可乐定位成亲切、友善的产品，希望可口可乐的广告能给人带来快乐、活力。

可口可乐公司后继的广告负责人，如比尔·贝克和约翰·博金后来都在电视广告中采用不同的形式丰富了阿奇·李的营销思想。

二十世纪二三十年代，可口可乐的广告宣传越发趋于感性，在功能性诉求的基础之上，增添了更多的内容和含义，如欢乐、希望、魅力、活力、友谊等。

为了做好可口可乐的广告宣传，1982年，可口可乐历史上最伟大的CEO郭思达用7.5亿美元收购了哥伦比亚电影公司。这让所有人都大跌眼镜，因为7.5亿美元相当于哥伦比亚电影公司股票市值的两倍。

这也太不靠谱了，一家饮料公司怎么懂得制作电影呢！其实，郭思达有自己的打算。这并不是说郭思达想借此跻身娱乐圈，他其实是在为可口可乐公司的长远发展考虑。

早在1929年经济大萧条时期，可口可乐公司就尝试过在电影中植入可口可乐广告的做法。但郭思达认为，和电影公司合作，要看别人的脸色，不如自己买一家电影公司，这样就可以在电影里面随便植入可口可乐的广告了。

一年后，哥伦比亚电影公司为可口可乐公司带来了9000万美元的利润。于是，电影也成了可口可乐重要的宣传阵地。在哥伦比亚电影公司出品的电影中，俊男靓女喝的都是可口可乐，英雄人物更是要喝可口可乐，可口可乐就是"强"的代名词。

与此形成鲜明对比的是，每当电影中出现消极情节的时候，百事可乐就会出现。而且电影中的坏蛋都要喝百事可乐。

几年之后，哥伦比亚电影公司没有了利用价值。于是，郭思达把它卖给索尼，索尼为了获得控股权付出了48亿美元。

消费者已经被训练得越来越理性了，他们不会因为商家在电视上吹嘘商品的几种功效，就纷纷掏钱。还有一种更极端的情况是，商家越强调功效，消费者越对此嗤之以鼻。

功效有限，娱乐无限。消费者是感性的，如果消费者想到一款产品时，会感到快乐，那么这款产品的营销也就接近成功了。

定位不如"定味"

人的记忆分为两种，一种是感性的，另一种是理性的。我们对声音、温度、味道及技能的记忆都属于感性的。我们学会游泳后，就很难忘记这项技能。故乡泥土的味道，或许难以名状，但我们难以忘怀。

人的味蕾记忆是感性的，其强大性远远超出人们的理解。大部分人都喜欢吃妈妈做的菜，这不是因为妈妈的厨艺多么棒，只是因为我们从小就吃妈妈做的菜，妈妈做的菜的味道已经成了我们的味蕾认同。

能够让人上瘾的东西太多了，比如，糖、香烟、酒、茶、咖啡等。无论哪种商品，只要没有触犯法律，都可以在市场上售卖,并与其他商品公平竞争。定位理论对瘾品无效。因为成瘾性商品的可替代品太多,比如,香烟就有几千个品类共存,而且各自卖得都还不错。

那么,人们怎样区别商品与商品之间的不同呢?味道就是一个非常重要的因素。就拿同一类食品来说,它们只能以自己独特的风味与同类食品相区分,并获得自己的优势。

同样是卖辣味鸭脖,"哈哈镜"放了一种调味剂,味道略苦;"周黑鸭"放了大量的糖,味道略甜。对于这两种口味的鸭脖,有些人喜欢味道略苦的,有些人则喜欢味道略甜的。

成瘾性的东西会让我们上瘾,有时甚至会给我们带来一定的消极影响。而味蕾记忆则带有积极的情感色彩,是一种怀旧的情愫,是一种记忆流金岁月的载体。

第 *13* 章

出神入化

——故事的代入与沉浸

我思故我在。

—— 勒内·笛卡尔

一个人只拥有此生此世是不够的,他还应该拥有诗意的世界。

—— 王小波

王小波在《红拂夜奔》里说："一个人只拥有此生此世是不够的，他还应该拥有诗意的世界。"人类的大脑是一个追求快感的器官，所以我们发明了种种匪夷所思的寻找快乐的办法。

激活愉悦中枢

成瘾现象中尚有许多未解之谜。我们之所以会沉迷于一件事，很可能和记忆有关。但记忆并不可靠，因为记忆会"变形"，比如记忆会美化某件事。

为什么有些音乐会让人如醉如痴，而有些音乐会让人觉得厌烦？为什么有些电视剧会创下高的收视率，而有些电视剧却让人感觉乏味，收视率极低？也许，有些创作者早已掌握了制造"精神瘾品"的秘诀，只是不愿与人分享罢了。

世界著名心理学家和语言学家斯蒂芬·平克认为，正如人造瘾品可以刺激我们大脑中的奖励中枢一样，文艺作品也可以激活我们的进化心理机制。斯蒂芬·平克提出一个重要假设：文艺作品之所以能够出现，是因为我们拥有能够从形状、颜色、声音、笑话、故事和神话传说中获得愉悦的进化心理机制。

一位日本图书策划编辑统计发现，日本历史上的畅销书封面90%以上都是暖色调。这个结论也符合我的判断，我十多年前就发现，当时市场上的畅销书大部分都是红白色调。

我们为什么会对暖色调这么敏感呢？从进化心理学的角度看，因为我们的大脑中有一种被自然选择设计来寻找成熟果实的色觉机制。我们会被那些具有类似成熟果实颜色的封面所吸引，并且产生愉悦的心理体验。

如此说来，艺术的本质就是激活人类的愉悦中枢。悦耳的音乐应该包含某些特定的人造刺激因子。它有时候就像是听觉式的"奶油蛋糕",能喂饱我们饥饿的肚子。

最畅销的小说和电影往往也包含特定的人造刺激因子,其中的语言、情节、内容等都可以激活我们的进化心理机制,带给我们愉悦的感觉。

戏剧家乔治·普罗蒂曾经提出"三十六种戏剧模式",这三十六种戏剧模式常被运用于小说、影视等的创作中。这三十六种戏剧模式包括:同性竞争、配偶选择、浪漫爱情,以及危及生命的天灾人祸等。它们几乎可运用于所有的戏剧、小说、故事、影视剧本等情节设计当中,加以巧妙组合,即能获得非同凡响的效果。

我们为什么会迷恋恐惧?

斯蒂芬·金被《纽约时报》誉为"现代恐怖小说大师"。他的每一部作品都成为好莱坞制片商的抢手货。1980—

1990年，美国的畅销书排行榜上，他的小说总是名列榜首，久居不下。斯蒂芬·金善于通过营造恐怖的气氛来震慑读者。

斯蒂芬·金说："对我来说，最佳的效果是读者在阅读我的小说时因心脏病发作而死去。"人们为什么会如此迷恋恐怖小说呢？

因为大脑优先关注的信息有四类：令人恐惧的信息、令人激动的信息、令人新奇的信息、令人困惑的信息。当我们受到惊吓或者身处险境时，大脑会分泌多巴胺，也会提升我们肾上腺素的分泌量，让我们变得更加敏感，乐于冒险，无所畏惧。

恐怖小说、电影是一种安全的恐惧刺激。经过很多"肾上腺素成瘾者"的证实，恐惧让人拥有相当大的满足感。因为我们的大脑中，处理恐惧和满足的区域大部分是重合的。

我们大脑中的"恐惧中心"，也就是杏仁核，有时候会被虚假的恐惧激活。但由于大脑皮层知道我们并没有身处危险之中，因此大脑得到的信号是愉悦的感觉，而不是恐惧的感觉。

斯蒂芬·金的过人之处在于，他善于将我们日常生活中的压力用恐惧的形式表现出来。

观众知道自己是在看电影，所以也知道自己是处于安全中的。正是因为知道安全，所以很多人愿意去体验恐怖的事情和参加冒险的活动。

匿名效应

通常情况下，人对着屏幕说话会比对着人说话更诚实。而且很多人在网络论坛上面比在生活中更坦诚，即使论坛也是公开的。这是因为，面对屏幕的时候，我们会有种匿名的感觉。

在医院里，医生问病人健康状况的时候，病人可能会吞吞吐吐或者无法诚实地说出自己的状况。但是，如果让病人在电脑上回答医生的询问，他们可能会非常坦诚地说出自己的情况。

行为学家阿维·戈德法布做了一项调查：研究人员招募了 600 个人，然后随机给他们安排不同的测试方法。对其中一部分被测试者，研究人员通过人声来询问他们多久酗一次酒，而对另一部分被测试者则通过手机短信来询问。

很快，一个清楚的答案显现出来：当问题是以短信的形式呈现时，人们回答问题时会更坦诚，超过 1/3 的人承认在过去 30 天中有过酗酒行为。也就是说，人们似乎更愿意对着一台机器坦白那些他们永远都不会对人说的事情。

尽管"匿名"会让人们变得更诚实，但它也有消极的一面，会让人们做出很多不负责任的行为。比如，人们会在微博评论中肆意地攻击他人。

屏幕所产生的匿名效应，不仅影响着人们对食物的选择，更影响着人们对文化资讯的消费。美国有位女作家在网上写了一部名叫《五十度灰》的小说，因为点击率高才得以出版并畅销。

这部小说之所以出版并畅销，是因为它满足了人们的某种隐秘的欲望。如果这部小说一开始就印刷成实体书，很多人肯定会羞于购买，毕竟小说的内容太低俗。而如果在网上阅读的话，周围的朋友、亲人就不知道你曾经"消费"过这种小说。

正因为这部小说最开始是以网络文学形式传播的，人们可以在网上阅读，才间接地促使这本书被人们关注。《五十度灰》的点击率之所以很高，而且纸制书畅销，与匿名效应不无关系。

我们平时在看菜单进行点餐时，会更中意哪些食品呢？发表在《心理科学》期刊上的一项研究显示，面对一堆食物的时候，我们除了考虑食物的味道、营养之外，还会关心另外一个重要问题：食物所含的热量。

我们可能没有发现，很多时候，我们会对高卡路里的食物更感兴趣。

科学家试图找到食物所含热量与特定脑区活动之间的联系，于是，科学家对29名健康的成年人进行了测试。测试中，科学家向他们依次展示了50种常见食物的图片，如蔬菜沙拉、面包、汉堡、炸鱼、薯条、宫保鸡丁等，并要求他们说出对每种食物的渴望程度，同时根据经验对每种食物所含热量做出估算。

结果，在对食物渴望程度的评价上，人们一致对高热量食物情有独钟。也就是说，人们本能地嗜好高热量的食物。

在基督教文化中，"饕餮"是"七宗罪"之一。可以说，吃得多是件很羞耻的事情。所以，出于对健康、社会评价等因素的考虑，人们会主动克制自己，少吃高热量食物。然而，当人们通过电子设备点餐时，就不会被人看到自己点了多少食物。而这就是匿名效应。

悬念给大脑带来未知的奖赏

目标、反馈、进步、挑战、悬念、社交等都可以对我们的大脑进行奖赏。

"悬念"一词最早源于西方编剧理论。中国的戏曲理论著作中，也有结扣子、卖关子等类似于悬念的说法。悬念，本质上是制造未知的预期，对受众的大脑进行奖赏。

悬念是电视连续剧让人上瘾的一个重要机制。美剧中，每一季的结尾都会给人留出大量的悬念。以美剧《绝命毒师》为例，该剧讲的是一名高中化学老师变为制毒高手的故事。这部美剧一开始就吸引了无数的观众，因为它在一开始就设置了很多悬念。

《迷失》和很多美剧一样，每一集中出现的问题会在每集结束时得到解决，与此同时，每一集结尾又会留一个悬念出来，吸引观众继续观看下一集。可以说，美剧的剧情环环相扣，出人意料。一旦观众反馈不好，编剧就必须绞尽脑汁，推陈出新，否则剧集就要面临停拍的风险。

现代影视行业之所以被称为"影视工业"，是因为它有一套标准化的制作流程。编剧作为影视工业的一环，自有一套制造"精神瘾品"的流程。

代入感与沉浸感

研究人员发现,人们在看故事的过程中,会对主人公的喜怒哀乐感同身受,这种现象就是常说的代入感。在这个过程中,人们会忘掉现实,沉迷其中,让大脑暂时获得愉悦的奖赏。

正如斯蒂芬·平克所言:"当我们沉浸在书本或电影中时,我们仿佛看到了迷人的风景,和重要人物亲切交谈,爱上了令人销魂的男人或女人,保护自己的爱人,达到了不可能的目标,而且打败了邪恶的敌人。这七块五花得真是值!"

所有的游戏厂商最注重的一个游戏概念就是沉浸感,有一家颇具实力的游戏公司名字就叫 Immersion(沉浸)。

沉浸感是游戏中最强大的体验之一。玩家将自我的意识投射到游戏中的虚拟角色上,与自己在游戏中的角色融为一体,发生在游戏角色身上的事对玩家来说意义重大,就好像是真实地发生在自己身上一样。

所以，游戏设计师要和编剧一样，通过构建一个真实可信、合乎逻辑的故事和世界，才能将玩家与游戏角色融为一体，玩家才会更真实地体验其中的喜怒哀乐。

沃尔特·迪士尼是以卡通制作师的身份开启他的事业之门的。后来，沃尔特·迪士尼发现自己只能利用视觉和听觉范围内的手段制作电影，于是想到了一个计划，让观众穿越到电影情景所构成的时空隧道中。

走进迪士尼乐园的大门，游客可以亲身体验到按照电影剧本设计的真实场景。游玩迪士尼乐园，就像经历一场活动电影。

HBO制作的科幻剧《西部世界》，展示了人们沉浸感和代入感的终极梦想。在一个按照"故事线"设计的乐园里，人物都是由机器人扮演的，它们不仅具有超高仿真外形，还有自身情感，而且能带给人们最真实的体验。

这种高科技成人乐园，可以给人们带来更加真实、刺激的体验，是一种虚实结合的娱乐形态，目的是通过虚拟的故事和体验，奖赏我们的大脑。

迪士尼乐园与时俱进，为其3D打印的柔性机器人申请了一项专利。这种机器人有与人类高度相似的皮肤，从外表看来与《西部世界》里那些长得像人类的机器人毫无二致。这也说明，迪士尼已经为虚实结合时代的到来做好了准备。

第 14 章

永无止境

——顾客与产品的心灵连接

好广告不只在传达讯息，它能以信心和希望，穿透大众心灵。

——李奥·贝纳

苹果的基因决定了只有技术是不够的。我们笃信，是科技与人文的联姻才能让我们的心灵唱歌。

——史蒂夫·乔布斯

技术的进步，使得品牌与消费者之间的连接成本大为缩减。生产者要生产出"梦幻"般的东西，而不是对消费者毫无吸引力的东西。当生产者把没有价值或者不好的东西扔给营销人员时，他们其实是很难卖出去的。

自我超越的需求

人们究竟需要什么样的奖赏？我们不妨把马斯洛的需求层次论这一经典知识翻出来。需求层次论是美籍犹太裔心理学家亚伯拉罕·马斯洛在1943年写《人类激励理论》

的论文中提出的。

在这篇论文中，马斯洛将人类的需求从低到高分为五种，分别是：生理需求、安全需求、社交需求、尊重需求和自我实现需求。

1969年，马斯洛借鉴了管理学中的X理论和Y理论，将自己多年来总结出的需求理论进行了升级整合，提出了一个终极版的需求层次论，即X理论、Y理论、Z理论（图14.1）。

Z理论
- 自我超越的需求（高峰体验、灵性成长）

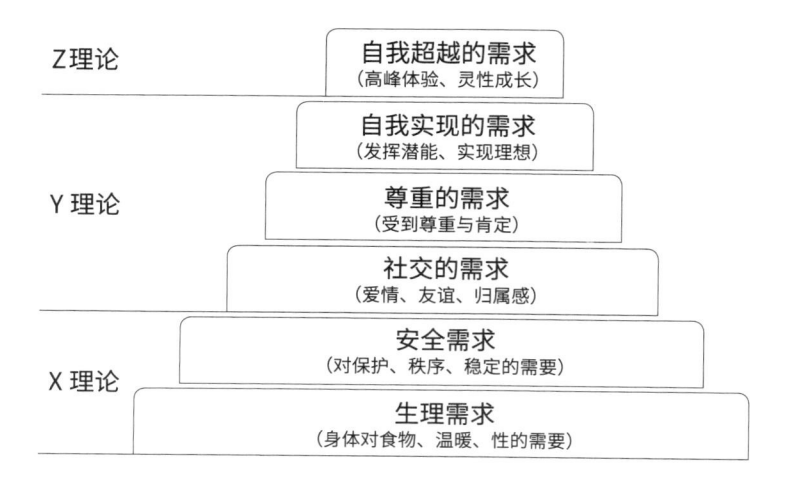

Y理论
- 自我实现的需求（发挥潜能、实现理想）
- 尊重的需求（受到尊重与肯定）
- 社交的需求（爱情、友谊、归属感）

X理论
- 安全需求（对保护、秩序、稳定的需要）
- 生理需求（身体对食物、温暖、性的需要）

图 14.1 马斯洛的 X 理论、Y 理论、Z 理论

马斯洛的 Z 理论证明了人是有灵性的。在 Z 理论中，马斯洛提出了超越型的自我实现，即神圣化、灵性化的体验。这被马斯洛称为"超人本心理学"。马斯洛的这个理论为他赢得了极高的声望。

自我实现与镜像神经元

有人说："弗洛伊德为我们提供了心理学病态的一半，而马斯洛则将健康的那一半补充完整。"其实，马斯洛提出的终极版的需求层次论，对应的就是各种各样的奖赏。

"自我实现的预言"又叫皮格美林效应。皮格美林是古代塞浦路斯的王子，天生驼背，但他发宏愿要成为俊美的王子。于是，他请工匠雕刻了一个身材挺拔、玉树临风的人形雕像。王子每天都会看到雕像，几年过去，王子的身体竟然也变得挺拔伟岸了。

有网友总结，汽车广告的一般规律是：低价汽车广告，不外乎强调全家人坐在车上其乐融融；中高级轿车的广告，不外乎是风流倜傥的青年邂逅了美女；而昂贵的越野车的广告，则多是事业有成的男子驾车到无人区释放自我。

人的自我实现预言，或者说愿景，其实就是一种名叫镜像神经元的神经细胞在起作用。近年来，关于人类镜像神经元的神经细胞的研究，已经成为认知神经科学领域的一个热门课题。有些研究者认为，镜像神经元之于心理学，犹如DNA之于生物学。

很多时候，驱使我们去模仿别人的就是镜像神经元的神经细胞。比如我们向婴儿笑，婴儿也会学着笑。人类天生就是善于模仿的动物。

心理学家通过大脑扫描技术发现，当被测试者看到录像中的人物做出感到恶心、难受的表情时，他们的大脑皮层反应与自己闻到难闻的气味时是一样的。这种大脑皮层反应集中在有镜像神经元的神经细胞分布的区域。

身边东北的朋友多，我们讲话时也会有东北味儿；看到悲剧，我们会黯然神伤；看到运动员在赛场上奔跑，我们会充满力量；看到别人打哈欠，我们也会不自觉地打个哈欠……

镜像神经元神经细胞还是一些高级心理活动的物质基础。所谓感同身受、代入感、心领神会、默契等，都是因为大脑中的镜像神经元在起作用。

美国研究人类进化的心理学家帕特丽夏·格力弗说："镜像神经元为文明的进步提供强大的生物学基础。"人类有模仿的本能，有随大流的本能。文化、风俗、风尚的出现都是因为人的大脑中有镜像神经元的存在。

时尚的一般规律是：精英先尝试，潮人跟进，接着是一般大众追随。

在30年前的中国，人们把牛仔裤当成时髦、性感、前卫的服装，而如今，它已经成为青少年的必备服装。牛仔裤是一种适合性感营销的商品。当女性消费者看到穿着牛仔裤的性感模特的广告时，一瞬间，大脑中的镜像神经元会让她有一种冲动：我也要像模特那样性感。

品牌社群与品牌崇拜

马克思曾在《黑格尔法哲学批判纲要》一文中写道："宗教乃人民对实际困苦之抗议,不啻为人民之鸦片。"需要注意的是,马克思撰写此文时,在当时人们的认识中,鸦片还只是一种止痛药,一种治病的药物。

马克思说:"宗教是受苦难生灵的叹息,是没有感情的世界的感情,是没有灵魂的世界的灵魂。宗教是人民的鸦片。"雷军在接受《商业周刊》采访时表示:"我就是想用宗教的一些想法来进行商业,我理解的小米就是一个商业宗教。"

宗教式营销,这个说法其实不够准确,也不能这样说。因为商业营销中的很多做法与宗教的本质是背道而驰的。其实,我们完全可以把宗教式营销称为——品牌社群与品牌崇拜。

然而,品牌意识远远没有宗教观念出现得早,所以品牌社群向宗教借鉴一些智慧应该是可行的。

网络上有不少人将苹果公司的营销模式视为宗教式营销。我们先不要争议这个说法正确与否,有一点是可以肯定的，那就是苹果公司的营销团队善于"撩拨"用户的神经。

在《乔布斯的秘密日记》中，美国《财富》杂志记者丹尼尔·莱昂斯讲过一则关于乔布斯在印度流浪时的段子：古老东方的神秘禅师对乔布斯说："美国是靠商业发展起来的，这是美国的优势。有人想创造出一种具有宗教意义的商品，我并不知道如何实现这种想法，但这种想法必将实现。你的一只手是上帝，一只手是物质。不管是谁，只要能将两者结合就会变得无比强大。"

巴菲特曾公然宣称看不懂科技公司，却投资了苹果公司。因为，苹果手机即使涨价了也有大批"果粉"购买。这就是品牌社群以及品牌崇拜的力量。

类宗教情感

如何唤起消费者对产品近似于宗教的情感，是一些科技公司正在探索的课题。对照我们大脑所期待的奖赏，强势品牌与宗教有一些共通的东西：

1. 愿景。宗教中有愿景，强势品牌也有自己的愿景。1982年，苹果的品牌愿景：人类是改变世界的力量，他们应当用创造力来驾驭系统与结构，而不是沦为它们的附庸。

2. 粉丝。人以群分，宗教有自己的信徒，强势品牌也有自己的粉丝。在苹果产品的凝聚下，粉丝们可以成为一个充满归属感的集群。苹果的中国拥趸都以"果粉"自居。实际上，狂热的粉丝对产品的赞誉才是缔造品牌神话的关键。

3. 传奇。宗教都会通过经典故事"载道"，而强势品牌也会把品牌精神附着于各种故事上。

4. 神秘感。宗教具有神秘感，强势品牌也会制造神秘感。苹果手机在正式发售前，关于新手机的一切信息都将完全保密。但越是遮掩，公众就会越期待。公众的胃口被吊得很高，于是很多"果粉"在手机发售当日会排队抢购。

5. 对立。球队通过树立对手增强球迷的投入程度。强势品牌通过树立对手，进而强化粉丝的凝聚力和归属感。

比如，一些"果粉"常揶揄其他品牌粉丝的审美。

6. 崇拜。宗教创立者是信仰的核心力量，是崇拜的对象。强势品牌往往也有一个魅力非凡、气场强大的领袖。苹果创始人乔布斯的身上就有一种传说中的"现实扭曲力场"。当然，也有人将乔布斯的"现实扭曲力场"认作是一种洗脑能力。

7. 稀缺。物以稀为贵，稀缺至关重要。苹果公司经常会采用"饥饿营销"的策略来吊公众的胃口。

后　记

　　人本质上是荷尔蒙的奴隶。大脑会分泌多种能让人产生快感的荷尔蒙，引导人们的行为，比如，产生快感的多巴胺、令人放松的血清素、带来激情的"去甲肾上腺素"、负责镇痛的内啡肽，以及促进我们社交的催产素……

　　人的欲望多种多样，皆是因大脑中"奖赏回路"搭建方式的不同造成的。大脑是一个追求快感、逃避痛苦的器官。

　　这是一个越来越容易成瘾的世界。有人玩游戏成瘾，有人背单词成瘾，有人花钱成瘾，有人省钱成瘾，有人偷闲成瘾，有人工作成瘾……

经济学中有一个效应,即边际递减效应。比如,吃面包,你刚开始吃几片,觉得很好吃,然后再让你吃几片,你可能会觉得味道还行,但是让你连续吃上几片,你可能就会感到没有那么好吃了。也就是说,同一种令我们快乐的事情不断重复,我们就不会感到那么快乐了。

成瘾现象打破了这个"迷思"。比如,听音乐,遇到旋律优美的音乐,我们会反复听,其效应并不会递减。更奇怪的是,一些本来不那么入耳的音乐,如果反复地听,也会慢慢接受,甚至会喜欢上它。

"瘾"是一种非理性的行为。这种非理性有消极的一面,也有积极的一面。宽泛地讲,人类一切与边际递减效应反着来的,让人沉迷、戒不掉的事情,皆可归为成瘾的范畴。

做积极的事情也是可以上瘾的。阅读、健身、推销、创业等和游戏一样会让人上瘾。所谓强者,不过是一种积极成瘾者,他们把克服困难、获得成就当作一种"过瘾"的行为。

成瘾是一种非常普遍的现象。人们购物后欲"剁手"

的心情，与"瘾君子"的罪恶感是同质的。上瘾并非不可容忍，关键在于度的把握。

每个人都会对某一种东西或者几种东西上瘾，就算你对烟、酒、赌博没有瘾，但你很可能对追星、刷手机、追电视剧、吃辣味食品等上瘾。从这个角度来看，人人皆有"瘾头"。

世界正在变得越来越容易让人成瘾。在市场营销、产品设计当中，有一些企业会不自觉地利用人类成瘾的机制。这种滥用或误用有可能让人堕入虚妄的迷阵中，做出非理性的行为。

诚如硅谷风险投资家保罗·格雷厄姆所说："除非造就这些产品的技术进步的形式受到法律的约束，而不是技术进步本身，否则在未来四十年里，人们对产品的依赖程度将远远超越过去。"

法律不可能要求所有的产品、服务都像烟、酒一样标识出警告语，或者像网络游戏一样建立防沉迷系统。这就要求我们对自身的行为规律有一定的认识，进而实现对自我生活的把控。

真理是相通的。我们在本书中看到的这些，不仅有利于我们掌握营销的秘密，还有利于加强自我管理以及建立良好的人际关系。

觉悟的力量是强大的。当我们认清了人类大脑中成瘾的机制，就能更好地理解人类的欲望是怎样产生的，就能更好地利用成瘾机制进行营销或者塑造一种积极成瘾的生活方式。

参考文献

1. [美]马丁·林斯特龙,《买》,赵萌萌译,中国人民大学出版社,2009-3

2. [英]内维尔·伊斯德尔,[美]大卫·比斯利,《可口可乐的征服：全球超级商业帝国董事长自述》,毛子欣、李慧芳译,中国友谊出版公司,2012-12

3. [美]马丁·林斯特龙,《品牌洗脑：世界著名品牌只做不说的营销秘密》,赵萌萌译,中信出版社,2013-1

4. [美]尼尔·埃亚尔、瑞安·胡佛,《上瘾：让用户养成使用习惯的四大产品逻辑》,钟莉婷、杨晓红译,中信出版集团,2017-5

5. [美]什洛莫·贝纳茨、乔纳·莱勒,《屏幕上的聪明决策》,石磊

译,北京联合出版公司,2017-2

6. 孙惟微,《怪诞行为心理学:学会驾驭你的非理性》,中国华侨出版社,2013-7

7. 孙惟微,《强势占领:加多宝》,北方妇女儿童出版社,2015-3

8. 孙惟微,《销售猿:业务冠军的营销心理学》,中国海关出版社,2018-4

9. 熊猫鲸,《疯转:新媒体软文营销72法则》,中国铁道出版社,2017-9

10. 张晓枫,《霸屏:超预期的用户传播方法论》,电子工业出版社,2019-4